El mundo real de los Bridgerton

Primera edición: mayo de 2023
Título original: *Inside the World of Bridgerton. True stories of regency high society,*
publicado originalmente en inglés por Michael O'Mara Books Limited

© Michael O'Mara Books Limited, 2023
© de la traducción, Auxiliadora Figueroa, 2023
© de esta edición, Futurbox Project, S. L., 2023
Todos los derechos reservados, incluido el derecho de reproducción total o
parcial en cualquier forma.

Diseño de cubierta: © The Brewster Project
Imagen principal de cubierta: Lee Avison / Trevillion Images
Otras imágenes de cubierta: digiselector / depositphotos.com
Corrección: Lola Ortiz

Publicado por Principal de los Libros
C/ Aragó, 287, 2.º 1.ª
08009, Barcelona
info@principaldeloslibros.com
www.principaldeloslibros.com

ISBN: 978-84-18216-72-5
THEMA: ATZ / NHTB
Depósito legal: B 9203-2023
Preimpresión: Claire Cater y Taller de los Libros
Impresión y encuadernación: Liberdúplex
Impreso en España – *Printed in Spain*

CATHERINE CURZON

El **MUNDO REAL** *de los* **BRIDGERTON**

HISTORIAS REALES DE LA ALTA SOCIEDAD DE LA REGENCIA

LIBRO NO OFICIAL

TRADUCCIÓN DE
AUXILIADORA FIGUEROA

PRINCIPAL

*Para el señor C y Pippa, por tener
siempre la tetera preparada.*

ÍNDICE

LÍNEA TEMPORAL DEL PERIODO DE REGENCIA

«Si Jorge IV tuvo alguna vez un amigo (un amigo de verdad) en cualquier ámbito de su vida, podemos declarar que no ha llegado a nuestros oídos la identidad de él o de ella. Es por todos bien sabido que el hedonista empedernido, en especial si se trata de una persona artificiosa, es el más egoísta de todos. El verdadero repelente para la compasión humana no es otro que el egoísmo. Este no siente apego alguno y tampoco lo provoca; por el contrario, representa el osario de los afectos».

Funeral de Jorge IV

1738   Nacimiento de Jorge III.

1760   Tras la muerte de Jorge II, comienza el reinado de Jorge III.

1761   Jorge III y Carlota de Mecklemburgo-Strelitz contraen matrimonio.

1762	Nace Jorge IV (en un inicio príncipe de Gales y más tarde, príncipe regente).
1785	Jorge IV y María Fitzherbert se casan en secreto y de manera ilegal.
1788	El primer brote serio de enfermedad mental de Jorge III da pie a la crisis de la Regencia. Afortunadamente, acabaron restaurándose la sensatez y el orden.
1795	Jorge IV y Carolina de Brunswick se dan el sí quiero.
1796	Nace la princesa Carlota de Gales, hija única de Jorge IV y Carlota de Brunswick.
1803	Comienzan las guerras napoleónicas.
1804	Napoleón se proclama emperador de Francia.
1805	El almirante lord Nelson muere asesinado durante la batalla triunfal de Trafalgar.
1806	Fallece William Pitt, el Joven, el primer ministro más joven en ocupar el cargo.
1807	Como culminación de décadas de trabajo, se aprueba en la Cámara de los Comunes la ley para la abolición del comercio de esclavos. Al año siguiente, la compraventa de esclavos se revoca de manera formal en las colonias británicas.

1810	Declaran demente a Jorge III tras padecer problemas de salud durante años; ya no puede seguir gobernando como rey.
1811	El príncipe de Gales se convierte en príncipe regente y empieza el periodo de Regencia. ¡Qué alegría para los fans de los *Bridgerton* de todo el mundo!
1812	El primer ministro Spencer Perceval muere asesinado. Hasta la fecha, continúa siendo el único presidente del Gobierno británico que ha muerto en esas circunstancias.
1814	La primera Restauración borbónica devuelve el trono a la monarquía francesa.
1815	Napoleón regresa a Francia y comienza el periodo de los Cien Días. La derrota a manos de Wellington en Waterloo marca el final de las guerras napoleónicas.
1815	La segunda Restauración borbónica devuelve el trono a la monarquía, otra vez.
1816	El año sin verano azota al Reino Unido. Aquellos vestidos tan finos y delicados de pronto parecían más ligeros que nunca.
1817	Se desata la primera epidemia de cólera.

1817	Muere la princesa Carlota de Gales, la única hija del príncipe regente (más tarde Jorge IV) y heredera al trono. No deja ningún heredero, por lo que los hermanos del príncipe regente, Prinny, entran en pánico y emprenden la búsqueda de una esposa con la que casarse y asegurar la línea de sucesión.
1818	Fallece Carlota de Mecklemburgo-Strelitz. Los fabricantes de tontillos y pelucas de todas partes del mundo ven morir su negocio en la corte con ella.
1819	La masacre de Peterloo conmociona a la nación y hace que Prinny pierda más popularidad que nunca.
1820	Jorge III muere recluido en Windsor. El príncipe regente es coronado rey con el nombre de Jorge IV.
1820	La tremendamente popular reina Carolina es llevada a juicio por el *Pains and Penalties Bill** en un esfuerzo de Jorge IV por conseguir el divorcio. Este fracasa en su empeño.
1821	Napoleón muere.

---

* Proyecto de ley introducido en el Parlamento británico en 1820 por petición del rey Jorge IV con la intención de disolver su matrimonio con Carolina de Brunswick y arrebatarle el título de monarca. *(N. de la T.)*

1830   Jorge IV fallece recluido en Windsor, asola-
do por el alcohol, el láudano y años de mala
vida. *The Times* lo criticó con dureza en un
obituario tajante y brutal.

El rey Jorge III, también conocido como Jorge, el Rey Loco, experimentó un periodo turbulento en el trono durante el que sufrió innumerables problemas de salud que finalmente desembocaron en la Regencia y en la pérdida de las colonias americanas.

INTRODUCCIÓN

«Queridísimo y amabilísimo lector…
¿Me echaba de menos?».

Lady Whistledown, *Los Bridgerton*

Cuando lady Whistledown habla, los glamurosos, guapísimos y famosos ciudadanos del periodo de la Regencia de *Los Bridgerton* callan. Tanto entre la portada y la contraportada de uno de sus libros como en la tremendamente exitosa adaptación de Netflix, los bombazos de Julia Quinn han captado el interés del público en todo el mundo. Las idas y venidas de la alta sociedad siguen siendo hoy tan irresistibles como siempre y, mediante el susurro de la seda y las marañas de sábanas, han mostrado a los devotos fans de *Los Bridgerton* que la vida en la Regencia no solo se trataba de salones de celebraciones y duques apuestos (aunque por supuesto que estos ponían su granito de arena). Queda claro que, desde la cuna hasta la sepultura, pasando por el mercado matrimonial, los cosméticos asesinos y todo lo que hay entre medio, abrirse camino en el mundo de la alta sociedad moderna era tan difícil como la danza popular más complicada que se bailase en Gran Bretaña alrededor del siglo XIX. Las recompensas para aquellos que conquistaran la moderna clase alta eran inconmensurables, aunque en una época en la que el estatus y el rango lo significaban todo, había muchísimos lugares en los que incluso la debutante más refinada podía dar un traspié.

La misteriosa lady Whistledown conoce el mundo de *Los Bridgerton* mejor que nadie. Si existe un cotilleo, ella está al tanto; si se monta algún drama, lo comparte, y todo esto con el mero movimiento de su distinguida pluma. Al fin y al cabo, en el periodo de la Regencia británica, las apariencias lo significaban todo. Podríamos degradar a la por naturaleza refinada lady Whistledown a una mera obra de ficción, pero está claro que tuvo sus homólogas en el mundo real. Los lectores ávidos de chismorreos de la revista *Town and Country* acudían directamente a la sección «*Tête à tête*» para leer los artículos que informaban de quién le hacía qué a quién, mientras que el revuelo de las conversaciones sobre el último dramón entre los ricos y famosos se apoderaba de los cafés. Entre tanto, las hijas de mirada inocente se veían empujadas al foco mediático del mercado matrimonial para que comenzasen a buscar a los mejores partidos, y una invitación a la corte del lascivo regente era una señal en toda regla de que alguien había causado impacto en la continua lucha por conquistar la clase alta.

Por encima de todos se sienta el príncipe regente, espléndido en los lujosos salones de la mansión Carlton House o bajo las cúpulas rococó de la llamativa maravilla costera de John Nash, el Royal Pavilion. El regente, también conocido como Prinny, fue un hombre del que se sabe con seguridad que, pese a que presidía el pináculo de la moda, el lujo y la buena vida, buscaba el escándalo. El matrimonio oficial con su prima Carolina de Brunswick fracasó de una forma espectacularmente pública, y su enlace secreto con la plebeya María Fitzherbert tuvo más altibajos que los pantalones del propio monarca; sin embargo, como caballero en el centro de la Regencia, este don juan despilfarrador reinó sobre todo lo que le alcanzó la vista.

El príncipe al cargo del trono, más tarde Jorge IV, llegó al poder gracias a la indisposición de su padre, Jorge III.

Este desafortunado soberano y su mujer, la reina Carlota de Mecklemburgo-Strelitz, se dieron el sí quiero en 1761, justo un año después de que Jorge III, que por aquel entonces contaba con veintidós años, asumiera el trono. El príncipe regente fue el mayor de los quince hijos, además de un hombre que supuso un constante quebradero de cabeza para sus píos y reservados padres. Se opusieron prácticamente a todo lo que él defendió, desde la política hasta su caótica vida personal, pero a medida que pasaron los años y el monarca fue sucumbiendo a la enfermedad mental, se hizo patente a ojos de todo el mundo que el que en aquella época era el príncipe de Gales tomaría el poder más pronto que tarde.

Para cuando llegó el año 1811, el rey Jorge III estaba, en palabras de aquel entonces, loco. Sus problemas psicológicos se vieron acompañados por una multitud de barreras físicas como la ceguera y la incapacidad de moverse, por lo que llegó un momento en el que perdió la esperanza de

El príncipe regente, más tarde Jorge IV, fue un dandi y un vividor. Fue más conocido por su estilo de vida frívolo y, entre todos los fans de *Los Bridgerton*, también es famoso por ser el hombre en la cumbre de la alta sociedad moderna.

poder seguir reinando. Aconsejado por Carlota, su devota y solícita esposa, y el Gobierno de los *tories*, que él siempre apoyó pese a los deseos de su hijo, a Jorge III no le quedó otra opción que abdicar su poder. Así, Jorge, príncipe de Gales, se convirtió en el príncipe regente y Gran Bretaña jamás volvió a ser la misma.

La corte de Jorge III y la reina Carlota había sido un lugar en el que se respiraba una formalidad y una tradición estrictas. A los espectadores de *Los Bridgerton* les resultará familiar el cargado vestuario de la monarca, lleno de empolvadas pelucas ornamentadas y enormes tontillos que se consideraban anticuados y pasados de moda, en contraposición con los vestidos de corte imperio y los peinados simples de las señoritas más jóvenes. Esta yuxtaposición ilustra a la perfección los dos mundos tan distintos en los que se movían Carlota y su hijo mayor. Ella resultaba un producto de otra época, una que se estaba muriendo con el viejo rey, mientras que el príncipe regente y la alta sociedad continuaban avanzando y dejándola atrás.

El regente gobernó durante casi diez años antes de convertirse en el rey Jorge IV, tras la muerte de su padre. Durante esta década, dio la sensación de que nacía un mundo nuevo. Unas estéticas más modernas ganaron terreno en el mundo de la moda y la arquitectura, y los campos de la industria, el ejército y los negocios se expandieron a un nivel que dejaba sin aliento. Durante los primeros veinte años del siglo XIX, las victorias en Trafalgar y Waterloo mantuvieron a Gran Bretaña a la cabeza de las superpotencias del momento, a la vez que el crecimiento industrial del país llevaba la innovación un paso más allá y hacía todavía más ricos a los ricos, a pesar de que los trabajadores organizaran revueltas y los más pobres pasaran hambre.

Con este telón de fondo, lady Whistledown observa las tramas de la familia Bridgerton y de aquellos que los adoran, que les ofrecen un hombro amigo y que se enemistan con ellos. De la salud a la riqueza y del romance a la realeza, este libro es tu guía sobre el mundo de la alta sociedad en el que se movieron los Bridgerton y sus allegados.

CAPÍTULO UNO

LA CLASE Y LA ALTA SOCIEDAD

«Aunque entre los rangos más altos de la sociedad del Reino Unido se encuentran muchos personajes excelentes, que hacen honor a los altos cargos que ocupan en el Estado…, debe lamentarse que no sean pocos los que siguen el camino contrario… y que principalmente pasen el tiempo en la mesa de juego o a la caza de las diversiones más frívolas y despreciables, hundiendo, a ojos de la sociedad, la respetabilidad y trascendencia de condición que su nacimiento y fortuna les otorgó».

Patrick Colquhoun, *A Treatise on the Wealth, Power, and Resources of the British Empire, in Every Country of the World*[1]

Como sabían lady Whistledown y aquellos afiliados a su columna, nada mantenía mejor el funcionamiento del engranaje de la Regencia británica que un sistema de clases bien vigilado. La categoría en la que nacía cada persona era decisiva y determinaba la trayectoria de toda su vida. Esta dictaría las posibilidades de recibir una educación, sus perspectivas profesionales y cada pieza de su existencia, desde la cuna hasta la sepultura. Desde luego, determinaba los ojos con los que te miraban los demás. De hecho, cambiar de clase social era un asunto bastante delicado y muy pocos eran capaces de conseguirlo.

Todos los fans de *Los Bridgerton* han oído hablar de la alta sociedad, el grupo social en el que conviven sus héroes y heroínas. Durante la época de la Regencia, esta élite se encontraba en la cúspide de la clase alta y, para aquellos que no nacían dentro de este grupo, infiltrarse entre ellos era mucho más sencillo de decir que de hacer. No resultaba imposible, pero tampoco era algo que pudiese suceder de la noche a la mañana; de hecho, en algunos casos, literalmente se tardaron generaciones. La alta sociedad era implacable en la imposición de la jerarquía: sus miembros provenían de la realeza, la aristocracia y la alta burguesía. El dinero, el linaje e incluso los modales contribuían, y romper sus reglas no escritas podía implicar la muerte social.

La clase alta presidía la sociedad de la Regencia igual que si se tratase de una dictadura militar. Casi nadie podía llamarse a sí mismo árbitro del sistema, pero todos hacían uso de este poder, desde el mismísimo regente hasta Beau Brummell, quien marcaba las tendencias del momento; incluso las afamadas y temidas *ladies* patronas de Almack's, uno de los salones de celebraciones más elitistas de Londres, ejercían dicho poder. Su palabra podía beneficiar o acabar con la reputación de cualquiera, y ellas mismas decidían quiénes recibían las codiciadas invitaciones a sus esperados eventos y quiénes no. Normalmente, estos se llevaban a cabo durante la temporada, que tenía lugar entre finales de enero y principios de julio, es decir, cuando el Parlamento se encontraba reunido. Durante estos meses, la capital se convertía en el centro neurálgico de la alta sociedad y en el lugar en el que las familias intentaban emparejar a sus hijos solteros a través del despiadado mercado matrimonial.

Cualquier fallo que se cometiese en ese momento podía acompañar a uno de por vida, por lo que había que estar seguro de seguir las cuidadosamente pulidas normas de clase, a veces confusas, si se quería contar con una oportunidad de convertirse en el líder de la alta sociedad. Que una joven dejara pasar una propuesta de matrimonio durante su primera temporada no era el fin del mundo, pero casi. Con cada año que pasaba, sus probabilidades resultaban cada vez menos prometedoras, y el abanico de «personalidades de la flor y nata de la sociedad que disfrutan de las fiestas de la temporada en Londres» que se había abierto ante ella era cada vez menos impresionante.[2] Más adelante retomaremos el riesgo que suponía quedarse soltera.

NO PIERDAS LA CLASE

La clase en la época de la Regencia no era un asunto complicado en sí mismo, pero resultaba algo mucho más intrincado de lo que se podría esperar. En vez de las tres categorías obvias de clase alta, media y trabajadora, para aquellos que vivían bajo el gobierno de la Regencia, todo albergaba muchos más matices. Afortunadamente, en 1814 Patrick Colquhoun aportó un análisis de las clases y quién encajaba en cada una de ellas en su libro *A Treatise on the Wealth, Power, and Resources of the British Empire* ('Tratado sobre la riqueza, el poder y los recursos del Imperio británico en todos los países del mundo'). Al igual que otros muchos aspectos de estos años tumultuosos, delinear las clases sociales no era tan sencillo como podría parecer en un primer momento.

Colquhoun dividió los grupos sociales en ocho, comenzando por el estrato más alto y terminando con una categoría especial dedicada al ejército y la marina. Entre estas dos categorías, asignó una clase u otra a todos y cada uno de los miembros de la sociedad británica. En la cumbre, en el estrato más alto, se encontraban la realeza, la aristocracia, los funcionarios del Estado, los clérigos que contaban con un rango superior y todas las familias con un estatus por encima de los barones.

Durante el tiempo que duró la Regencia, existió un aspecto fundamental a la hora de decidir la clase a la que cualquiera podía pertenecer: el derecho de nacimiento. En la cima de la torre se encontraba la familia real, la última de la línea dinástica que había llegado de Hannover con Jorge I en 1714. La historia de los monarcas hannoverianos estaba plagada de contiendas y escándalos, pero Jorge III y Carlota de Mecklemburgo-Strelitz habían intentado terminar con aquello de raíz. Llevaron una vida que bien podría haberle resultado afín a cualquier familia de clase media-alta de la época, con la intención de evitar los trapicheos políticos que caracterizaron el reinado de Jorge II y la decadente opulencia que más tarde definiría el gobierno del príncipe regente. Los súbditos llamaban al rey por el apodo cariñoso de «Jorge el Granjero» debido a su amor por labrar el campo y a que el monarca consideraba que con aquel trabajo duro en la tierra obtendría una recompensa en el cielo. En acto de rechazo hacia la ostentación y las muestras innecesarias de riqueza y privilegio (excepto por el joyero de la reina), Jorge III y Carlota intentaron, y en la mayoría de los casos en balde, infundir este mismo sentido de la humildad, el esfuerzo y la piedad religiosa en sus hijos.

El rey sufrió numerosos periodos de mala salud, cada cual peor que el anterior. La Regencia estuvo a punto de ver su nacimiento décadas antes, cuando este sufrió un colapso nervioso, pero en el último momento Jorge III recuperó el buen juicio y fue capaz de volver a tomar el control, aunque, con el paso de los años, las recaídas se volvieron más habituales y severas. A cargo de la atención del aterrador doctor Francis Willis, también médico de sus hijos, el monarca Jorge III se sometió a humillantes tratamientos médicos que eran brutales. Lo confinaron, le afeitaron la cabeza y le cubrieron el cuerpo de sanguijuelas. Le provocaron ampollas en el cuello, le metieron trapos en la boca para que no hablara y lo apartaron de su mujer y sus hijos, a quienes cada vez les aterraba más el hombre que en el pasado había sido un padre y un marido cariñoso. Al final, el sentido común del rey se quebró por completo y Jorge el Granjero ya no era más que una sombra del hombre que un día fue, lo que desató los cuchicheos sobre «el Rey Loco», así que había que hacer algo al respecto.

Cuando comenzó la Regencia, ya habían fallecido tres de los quince hijos de la pareja real. De los que quedaban, todos los muchachos habían protagonizado unos cuantos escándalos, mientras que a las chicas jamás se les dio oportunidad. Solo permitieron que se casara una de sus hijas, Carlota, la princesa real, antes de que el soberano cayese enfermo. El resto de sus descendientes femeninas quedaron al amparo de su madre, que las arrastró con ella a un mundo aislado e infeliz, insistiendo en que la acompañaran mientras su querido marido se hundía más y más en la locura. Dentro del estrictamente controlado mercado matrimonial de la Regencia, las princesas ya casi habían perdido cualquier oportunidad de escapar cuando la reina Carlota levantó el puente levadizo. Aquellas que al final se las arreglaron para encontrar un marido y huir de allí, tardaron décadas en hacerlo.

El reinado de Jorge III había sido muy turbulento. Este se vio desgarrado por intrigas políticas y luchas internas y, por otro lado, la salud del monarca sufrió un golpe devastador a raíz de la guerra de Independencia estadounidense, que ocasionó la pérdida de sus colonias en América del Norte. El conflicto también afectó a los palacios reales, ya que el príncipe de Gales, quien más tarde reinaría como príncipe regente, acumulaba deudas exorbitantes, se deshacía de sus amantes a la velocidad de la luz y, en general, se había convertido en un tremendo quebradero de cabeza para sus padres. Cuando comenzó la Regencia, ya había dejado atrás sus peores excesos y era el mayor apoyo de su madre, pero, aun así, seguía dejando una estela de escándalos y cotilleos allá donde fuese. A esto se le sumó el hecho de que sus continuos esfuerzos por divorciarse de su esposa, y amante de la diversión, Carolina de Brunswick, se viesen permanentemente frustrados por la popularidad que ella tenía entre el pueblo.

El príncipe de Gales había contraído matrimonio con su prima, Carolina de Brunswick, en 1795. Al aceptar este enlace, el futuro monarca se aseguró la liquidación de todas sus deudas, pero la pareja no fue feliz en ningún momento. La primera vez que se vieron, Jorge pidió un *brandy* y el hombro compasivo de su madre, mientras que Carolina preguntó dónde se encontraba el atractivo príncipe que estaba esperando. Este se emborrachó durante el banquete de boda y se desmayó en el suelo de sus aposentos esa misma noche, aunque de alguna manera se las apañaron para concebir a un heredero. La pareja se separó poco después del nacimiento de su única hija, la princesa Carlota, y, a la vez que la popularidad de Jorge caía en picado, la de su esposa subía como la espuma. Durante las dos décadas siguientes, la homenajearon por ser una de las favoritas del pueblo y de las pocas personas que no se dejó intimidar por el prín-

Nadie envidiaba la relación del príncipe de Gales y
Carolina de Brunswick. El intenso hedor de su mujer y su
estilo sencillo enseguida repelieron a Jorge, que intentó
sin éxito disolver su enlace en cuanto se convirtió en rey,
de manera que probó que hasta los más poderosos de
la sociedad se encontraban sometidos a las normas.

cipe de Gales, quien fue incapaz de conseguir lo único que
quería, ni siquiera siendo rey: el divorcio.

El regente era tremendamente impopular entre el pueblo de Gran Bretaña, que apedreaba su carruaje y lo recibía
en las calles con «clamores que personalmente considero

ofensivos para el príncipe regente».[3] Mientras las arcas de la nación se habían vaciado por la guerra, y la pobreza y el hambre azotaban con fuerza a los más pobres, el heredero al trono no paraba de despilfarrar. Llenó sus lujosas residencias de antigüedades de valor incalculable y se dejó ver en los lugares más caros con un despliegue de amigos ricos, famosos y elegantes, y también junto a señoritas que «solo tenían manos para aceptar perlas y diamantes y enormes escotes para lucirlos».[4]

Mientras el pueblo se moría de hambre y la reina se consumía, con su cabello llenándose de canas por la carga que suponía cuidar de su marido, Prinny colmaba a sus conquistas de joyas, abarrotaba sus palacios de oro y se paseaba por ahí como si ya fuese el rey. La ciudadanía francesa ya le había cortado la cabeza a su monarca y había enviado a sus herederos al exilio o a tumbas sin nombre, así que cuando unos manifestantes pintaron «pan o la cabeza del rey» en los muros de Carlton House, estuvo claro que el país se encontraba de verdad al borde de una revolución. Por suerte, algunos políticos mantuvieron la calma y fueron capaces de acabar con la amenaza, aunque los gustos del príncipe regente quedaron grabados en lo que hoy reconocemos como el estilo de la Regencia.

Justo por debajo de la casa real se encontraba la nobleza, o al menos parte de ella. Aquellos que poseían títulos heredados, que no honoríficos; se consideraban la flor y nata de la alta sociedad. Los moradores de la Cámara de los Lores vivían de sus bienes y sus familias se tuteaban con los clientes de igual rango en los clubes de caballeros de White's y Brook's, mientras sus hijas y esposas se aferraban llenas de emoción a los cupones para asistir a Almack's. Cualquier fan de *Los Bridgerton* estará más que familiarizado con una buena dosis de duques, pero este estrato social también lo ocupaban los marqueses, condes, vizcondes, barones y sus familiares. Cada título implicaba subir un peldaño en el escalafón de clases, y cada paso adelante aumentaba, un poco, el atractivo de una casa, ya fuese en el plano de los negocios, el matrimonio o simplemente el de la vida social. Tratarse con un duque y una duquesa siempre sería mejor que la visita de un barón y una baronesa (pero nada podía superar una invitación de la mismísima casa real).

En el segundo grupo social se encontraba la alta burguesía. En ella se incluía a los señores que contaban con el rango de barón o inferior, los caballeros del rey, también los caballeros que contaban con fincas en el campo de su propiedad y aquellos que vivían de sus inconmensurables ingresos, pero que no contaban con ningún título heredado. Para considerarse un miembro de la burguesía terrateniente se debían poseer más de 121 hectáreas de tierra (algo impensable para la gran mayoría de la nación, más propensa a ser arrendatarios que propietarios). Los dueños de los terrenos también gozaban del derecho a voto, lo que les aseguró el control del Parlamento hasta 1832, cuando una reforma llevada a cabo durante el reinado de Guillermo IV concluyó con este sistema. Aunque era posible que los miembros de esta clase disfrutasen de todo lo que rodeaba a la riqueza, desde fincas en expansión hasta afanosos empleados domésticos, y lo mejor de lo mejor en todo, ya fuesen sedas importadas o coches hechos por encargo tirados por los caballos de mayor excelencia, aquellos miembros de esta clase que ostentaban títulos no contaban con un asiento en la Cámara de los Lores. Y esto solo los hacía un pelín menos atrayentes dentro de la jerarquía de la clase alta.

Como es de esperar, el tercer grupo social, y los que se hallaban por debajo de él, resultaban bastante menos ilustres. En él no se encontraba título alguno y, en el caso de aquellos que pertenecían al eslabón más bajo de la escala, no tenían mucho de nada. Por supuesto, no tenían ninguna posibilidad de entrar en el mundo de la alta sociedad a no ser que algo cambiara significativamente.

A la cuarta clase pertenecían los trabajadores cualificados, como los profesores, los médicos y los comerciantes. También existía una dispensa especial para los dueños de tiendas, artistas y demás profesiones similares, es decir, básicamente para cualquiera que recibiese unos ingresos modestos. Dichos ingresos también eran necesarios para pertenecer al quinto grupo social, en el que los posaderos se codeaban con los de su índole, muy por debajo de la clase alta. Más allá de estos se encontraba al sexto escalafón, donde hallamos a los obreros, artesanos y aquellos que se consideraban trabajadores no cualificados. Pocos desearían caer en la séptima clase, que Colquhoun ocupó con indigentes, canallas, criminales y cualquiera que se le hubiese quedado atrás. La lista terminaba con una categoría especial reservada para los miembros del ejército y la marina, que (de momento) se libraba de incluir en los otros escalafones de clases.

EL CABALLERO DE LA REGENCIA

«La *mauvaise honte* es esa timidez torpe que percibimos en la juventud cuando se ven en presencia de aquellos a quienes conciben en una esfera de la vida superior a la propia... Cuando todo joven caballero llegue a la edad adulta, si ostenta su título de nacimiento, por fortuna, profesión o educación, y si no ha hecho nada para degradarse, se le considerará la compañía adecuada para un príncipe, y esa *mauvaise honte* les surge a dichos caballeros por la falta de conocimiento de ello».

John Trusler, *A System of Etiquette*[5]

El concepto de caballerosidad era muy importante para aquellos que vivieron durante el periodo de la Regencia, aunque no se trataba de ningún asunto abstracto. Hoy en día estamos acostumbrados a decir que alguien se comporta como un caballero cuando se actúa de manera considerada y educada, pero en el largo siglo XVIII[*] un hombre ruin po-

---

[*] Según los historiadores británicos, tiempo comprendido entre la revolución de 1688 y el final de las guerras napoleónicas en 1815. *(N. de la T.)*

día continuar siendo un caballero, siempre y cuando ostentase la posición social que le garantizase el título. Durante la Regencia, un caballero fundamentalmente se trataba de alguien que pertenecía a las clases altas, incluidos los lores, los barones, los caballeros del rey y los grandes terratenientes, todos ellos normalmente (aunque no siempre) habían nacido con esta distinción.

Lo primero que deberíamos dar por hecho es que todos los caballeros poseían tierras o propiedades, aunque esto contaba con unos cuantos matices. En realidad, su cualidad clave era que no trabajaban para ganarse la vida; en lugar de eso, obtenían dinero con el pago de los alquileres de sus inquilinos si eran propietarios, aunque también lo conseguían mediante buenas inversiones, rentas vitalicias y demás. Tampoco bastaba con haber nacido en una familia con título nobiliario, porque el simple hecho de poseerlo no le confería un asiento en la Cámara de los Lores. Esta distinción era crucial y, aunque hoy en día resultaría fácil pasarla por alto, no era así durante la Regencia. Sin embargo, lo que de verdad resultaba indispensable para nuestro caballero es que jamás debía mancharse las manos a cambio de un salario.

En el caso de que un hombre naciera siendo el hijo mayor de un caballero y heredara la riqueza y la tierra, especialmente una finca, se trataba de un caballero de cuna. El terreno mínimo para acercarse a ser considerado un caballero eran algo más de 121 hectáreas, pero cuanto más se pudiera declarar como propio, más elevado y envidiable sería su estatus.

Por supuesto que en un mundo de primogénitos y segundones solo puede haber un hijo mayor y heredero, de manera que los descendientes que llegasen tras él quedarían en una posición un poco más complicada. A diferencia de su hermano, a estos jamás les sería legado ningún bien, aunque como hijos y hermanos de un caballero les correspondería el título, incluso a pesar de que tuviesen que ganarse el sustento. Así pues, en un universo en el que jamás se pondría a un caballero en la incómoda situación de recibir dinero por prestar un servicio, ¿qué se podía hacer? La respuesta: tener unos honorarios. Entre las pocas profesiones caballerescas se incluían: poseer un cargo dentro del clero, convertirse en oficial del ejército, ejercer como abogado capacitado para intervenir en tribunales superiores o ser médico. Como todas estas respetables ocupaciones requerían de una inversión por adelantado, ya fuese para formarse o para comprar el nombramiento de oficial en el ejército, estas acarreaban un nivel de exclusividad que solo aquellos que eran acaudalados podía alcanzar. Nuestros jóvenes caballeros, una vez aseguraban su desempeño, no recibían un sueldo, sino unos honorarios, que era un pago que se les ofrecía en reconocimiento por el tiempo prestado, en lugar de un salario. Era una distinción importante, ya que ningún caballero podía, bajo ninguna circunstancia, ser retribuido por su trabajo; los honorarios eran un gesto de gratitud, no un intercambio de dinero por servicios.

De todas estas profesiones, la de oficial del ejército era la de mayor categoría con la que podía hacerse un hombre. Esta se conseguía mediante la compra de un nombramiento de rango de oficial, una oportunidad reservada nada más a aquellos que pudiesen permitírselo, y muchos decidieron creer que esto también les garantizaría una buena reputación. Por supuesto, no era así. Por otro lado, a los hombres

Ser un «caballero» en la Regencia tenía poco que ver con
el comportamiento y mucho con el estatus social. Aquellos
que ostentaran riquezas y posición se considerarían dignos
del título, daba igual lo que sugiriese su conducta.

que adquirían un cargo les aseguraban que el pago que realizaban se mantendría en fideicomiso hasta que abandonasen
el ejército, momento en el que recuperarían el dinero para
ayudarles con su jubilación. Los honorarios que obtenían
durante los años que pasaban en la armada equivaldrían
al pago de un interés sobre la inversión realizada, lo que
desde luego no era suficiente para vivir como miembro de

la alta sociedad. Por eso, las familias de los oficiales solían dar subsidios a sus hijos para que pudiesen completar sus honorarios y vivir según acostumbraban los caballeros. Sin embargo, el capitán Wentworth de Jane Austen se las arregló bastante mejor: se fue siendo un aspirante a oficial de la marina y volvió como capitán y con 30 000 £ a su nombre, suma que equivale a casi tres millones de libras de hoy en día. Se mire por donde se mire, ¡fue un buen día de cobro!

Es imposible que alguien familiarizado con la literatura sobre la Regencia desconozca la figura de un hermano pequeño que entra a formar parte de la Iglesia. En este oficio, el titular recibía algo llamado «sustento», que aportaba dinero al cura y un lugar en el que vivir. Para ingresar en la Iglesia, el caballero primero debía conseguir tanto un título de Oxbridge* como una recomendación de su facultad en la que lo propusiesen como servidor de Dios. A continuación, el obispo debería aprobar la sugerencia y, entonces, el candidato realizaría un examen en el que se establecerían tanto su fluidez en latín como su conocimiento y comprensión de las Sagradas Escrituras. Si pasaba el examen con éxito, estaba preparado para embarcarse en una carrera que comenzaría como diácono y en la que, al final, sería ordenado. Solo en ese momento se consideraría apto para obtener una manutención propia, proceso que podía durar entre una semana y una década.

Sin este procedimiento, era imposible que alguien se convirtiese en vicario. Aunque hoy en día sigamos hablando de «ganarse un sustento», durante la Regencia eso sig-

---

* Oxbridge es el sobrenombre con el que se conoce conjuntamente a las universidades de Oxford y Cambridge. *(N. de la T.)*

nificaba tener una parroquia en propiedad, además de una casa parroquial y puede que incluso tierras que pudiesen alquilarse. Llegados a este punto, el caballero vicario llevaría a cabo sus obligaciones a cambio de una retribución económica basada en diezmos. Claro está que la forma más fácil y rápida de dar con un buen sustento era contar con uno en la familia. El derecho de patronato era un patrocinio que otorgaba a la persona que lo poseía la potestad de nombrar a un clérigo de su elección para un sustento que hubiese quedado vacante y, además, dicho derecho de patronato podía venderse y comprarse exactamente igual que cualquier otra propiedad. Como el valor de estos era mucho mayor que el del sustento, solo los ricos podían poseerlo. Si un miembro de la familia del candidato a vicario ostentaba el derecho de patronato y estaba dispuesto a darle un sustento, este había dado con una mina de oro. A menos que se diese el suceso poco probable de que el obispo cogiese manía a uno de sus pastores y lo expulsase de su puesto, habría encontrado trabajo y una casa para toda la vida. Mejor aún, con el tiempo, el vicario que fuese emprendedor podría buscar un permiso de parte de su obispo para desprenderse del trabajo que se esperaba que debía cumplir y pasárselo a un joven coadjutor que aspirase a conseguir su propio sustento algún día.

Pese a esto, la vida como vicario no implicaba una riqueza desmesurada. Estos recibían la menor cantidad de diezmos de la parroquia (un diez por ciento de su producción agrícola y del ganado), que podían traducirse o en unos pocos cuartos o en unos ingresos considerables. Obviamente, también obtenían una casa y, al igual que sus hermanos, los oficiales, en ocasiones podían acudir a un subsidio familiar para poder alcanzar su estilo de vida. En cualquier caso, el vicario era un caballero, y eso era lo único que importaba.

Si escogían el camino de la ley, había algo que resultaba crucial: para que los considerasen caballeros no debían perseguir una carrera como procurador, sino como abogado. Mientras que por supuesto el primero, de clase media, era respetable, el abogado era el único que podía llamarse a sí mismo caballero, y conseguir ese papel suponía un importante desembolso financiero. Estos comenzaban su trayectoria en la universidad (a ser posible en una institución de prestigio) y después se postulaban para un puesto en las *Inns of Court,* una de las cuatro asociaciones jurídicas de Inglaterra y Gales, que básicamente se trataban de una especie de facultad de Derecho. Una vez finalizaba su etapa en esta, los abogados que los habían estado siguiendo seleccionaban a los candidatos que se colegiarían, lo que significaba que se convertían en abogados litigantes. Por otro lado, los candidatos con menos éxito estaban destinados a convertirse en procuradores. Tan cerca y a la vez tan lejos de posicionarse como caballeros.

Al contrario que estos últimos, a quienes pagaban por sus servicios, los abogados recibían dinero a modo de gratificación por parte de sus clientes y, de esa suma, pagaban unos honorarios a los procuradores para que les entregasen casos. Convertirse en abogado era una vía directa para que te reconociesen como caballero, además de una forma excelente de acceder a altos cargos en el gobierno o incluso puestos en el Consejo de Ministros. Las gratificaciones eran cuantiosas y los contactos dentro de la sociedad, sorprendentes; para cualquier caballero resultaba fantástico obtener ese puesto, aunque no era fácil conseguirlo.

Si se daba el caso de que no se sentían atraídos por el ejército, el clero ni la abogacía, quedaba otra vía abierta para el aspirante a caballero: la medicina. Igual que el procurador y el abogado ocupaban distintas posiciones en la pirámide social, también hay que hacer distinciones importantes dentro del campo de la medicina. Un caballero jamás sería cirujano; si alguien quería ser respetable, debía posicionarse como médico general. No solo los abogados y los integrantes del clero debían acudir a la universidad antes de poder ingresar en su profesión, sino que también los caballeros de la Regencia que quisieran encontrar un sustento en este ámbito primero debían lograr un puesto en una facultad de medicina reputada, con el fin de diferenciarse de los doctores y los cirujanos sin formación que tanto proliferaron durante la época georgiana. Esta era la forma de asegurarse la obtención de una licencia médica oficial, lo que de verdad significaba contar con el distintivo de que un médico pertenecía a la categoría más distinguida.

En el momento en que el caballero conseguía su permiso, podía comenzar a pasar consulta y empezar a construir lo que, sin duda, esperaba que fuese una larga lista de clientes ilustres. En este caso, tampoco recibiría un salario, sino que sus pacientes le compensarían con gratificaciones. Pese a que estas garantizaban un sustento modesto para alguien de su estatus, perfeccionar las habilidades y la cartera de clientes era el camino a una vida más satisfactoria. Al fin y al cabo, si un médico era capaz de entrar en una familia rica que lo mantuviese como empleado permanente y lo recomendase a sus amigos igual de adinerados, todo sería posible.

No se puede ser un caballero de verdad sin honor ni el orgullo apropiado y, por supuesto, en la seducción no se encuentra orgullo apropiado que valga, porque el seductor, del tipo que sea, es un bribón y está desprovisto de cualquier sentido de la virtud y del honor.[6]

Aunque ser un caballero tenía menos que ver con los modales que con la manera en la que uno conseguía el sustento, en su figura se presentaba una interesante dicotomía. Era posible que el hombre que se comportaba como tal jamás se convirtiese oficialmente en uno, mientras que el «caballero» que vivía de sus bienes y sus tierras podía actuar de cualquier forma menos de la que describía su distinción y nunca perdiese el honor del título que la sociedad le había concedido. Esta era una de las muchas contradicciones que se daban dentro de la clase alta.

LAS DAMAS DE LA REGENCIA

«Permitan que la religión y la moralidad se conviertan en el fundamento del carácter femenino... Con toda seguridad, podemos enseñar a una señorita de buena educación que la virtud debería portar un aspecto atrayente, que debido a su excelencia debe adornarse con lindos atuendos, pero jamás podemos dejar de recordarle que es esa VIRTUD la que se busca engalanar».

Anónimo, *The Mirror of the Graces*[7]

Hasta ahora, hemos dedicado una buena cantidad de tiempo a reflexionar sobre los caballeros, pero la mujer de la Regencia también merece un análisis igual de detallado. Sencillamente, poseer tierras o dedicarse una profesión respetable no formaban parte del juego. Por el contrario, para ser considerada una dama era necesario contar con una suma de aptitudes completamente diferentes, que se valoraban de una forma del todo opuesta a la de los varones. Cuando hasta los caballeros de peor conducta mantenían su título, bastaba con que una dama cometiese un error para que se le arrebatase su condición (si no el título otorgado de manera oficial).

De la mujer de la Regencia se esperaba que tuviese una única ambición y esta era convertirse en una dama. No tenía por qué poseer el título de lady necesariamente, sino que bastaba con que aquellos que la conocieran hablasen de ella como si lo fuera. Según la creencia popular, aquel era el mayor honor que una chica podía esperar alcanzar. Para lograrlo, su educación no era de las que finalizarían con la universidad y una profesión: esta se confeccionaba con vistas a un destino muy diferente. Tal y como veremos cuando abordemos el desconcertante mundo del mercado matrimonial y el cortejo en tiempos de la Regencia, las opciones de las jóvenes damas eran limitadas una vez debutaban en público (de esto hablaremos más adelante) y el matrimonio era su principal objetivo, les gustase o no.

Aunque una señorita bien podía tener ambiciones más allá de desposarse, no se consideraba apropiado expresarlas y mucho menos perseguirlas. No necesitaba preocupar su preciosa cabecita con ideas sobre ejercer una profesión o cualquier sinsentido de esos, porque aquel no era su destino. Por el contrario, se esperaba de ella que primero atrajese la mirada del mejor partido que pudiese, luego debía labrarse su camino hasta que este picase el anzuelo, lo pescase y consiguiese llegar hasta el altar. Después, podría comenzar a gestar a su heredero y a otro sucesor, por lo que pudiese pasar, y convertirse en la lady Danbury de la siguiente generación. Incluso aunque fuese tan bondadosa como Daphne Bridgerton o igual de taimada que Cressida Cowper, cualquier joven dama de la Regencia debía pasar por una educación, a su manera, tan estricta como a la que podrían enfrentarse sus hermanos. Para las que fueron como Eloise Bridgerton, a quien tanto le entusiasmaban la feminidad y las expectativas sociales, tuvo que ser asfixiante.

Gastar grandes sumas de dinero y enormes cantidades de tiempo en la adquisición de habilidades no sirve para nada si no se presta algo de atención a la conquista de cierta gracia durante su ejercicio, la cual, a pesar de resultar una circunstancia ajena a ellas mismas, conforma el secreto de su encanto y cualidad de excitante placer.[8]

Si una señorita quería presumir de sus talentos, debía limitarse a mostrar las cualidades que la convertían en una buena esposa y, en un futuro, en una buena madre. Estaba destinada a transformarse en una anfitriona de la clase alta que jamás debía desafiar intelectualmente a su marido, incluso a pesar de que en realidad esta fuese capaz de ello. La belleza era una de las cosas, pero el aspecto no garantizaba que una dama fuese capaz de dirigir una casa ni de causar buena impresión a los influyentes amigos de su esposo. Además, necesitaba proceder de una familia respetable, contar con una dote decente y algunas cualidades muy específicas que le inculcarían desde su infancia. La finalidad de estas aptitudes era que la chica exhibiese su mejor versión, y está claro que, cuantas más habilidades pudiese

Con el fin de asegurarse un marido que mereciese la pena, las damas de la Regencia debían dominar varias habilidades, entre las que se encontraban la fluidez en los idiomas, el arte de una bella caligrafía y el talento para la música. Y ¿qué mejor manera de demostrar con orgullo la riqueza de una familia que contratando a los mejores tutores disponibles para que educasen a una señorita consumada?

dominar, más claro quedaba que su familia era más que capaz de permitirse los tutores, profesores de baile y demás expertos necesarios para moldear a su pupila.

Es importante aclarar que existían excepciones obvias a todas estas reglas, pero eran contadas (sin duda, para la desazón de aquellas jóvenes damas cuyos intereses iban más allá de los que estaban comúnmente aceptados). En las clases más altas, las madres supervisaban la educación de sus hijas en casa y era muy poco común que enviasen a una chica a la escuela. Por supuesto, Anne Lister, o *gentleman Jack*, es una de las celebridades más famosas que recibieron educación en el colegio, pero su situación no era la que vivían la mayoría de las señoritas refinadas.

Todo podía convertirse en un símbolo de prestigio si simplemente sabías hacer alarde de ello, y los talentos de las debutantes (sobre quienes aprenderemos más en las siguientes páginas) no quedaban exentos, tanto si tenían que ver con el ámbito académico o el artístico. La habilidad primordial y más básica que una dama debía dominar era la lectura. Aunque pueda parecer bastante evidente, a través de este ejercicio podían adquirir elocuencia y aprender a mantener una conversación inteligente, pero que el Señor la librase de tener fuertes convicciones. Se desaconsejaba terminantemente adoptar un interés como el que desarrolló Eloise por los derechos de las mujeres. La capacidad de lectura también podía significar que, llegada la edad adulta, nuestra joven dama sería capaz de contestar su correspondencia todas las mañanas y se aseguraría de que su casa funcionara como era debido. Obviamente, «lo que leía» era otro tema; tanto los padres como la institutriz seleccionaban con cuidado los libros que le entregaban. Algunas ciencias como la botánica, que conformaba el pasatiempo favorito de la reina Carlota, estaban permitidas, pero aquellos temas que tuviesen que ver con algo más allá de la política y la filosofía generales quedaban prohibidos por completo. Incluso Jorge III rechazó una posible pareja para desposarse porque la princesa en cuestión mostraba interés por la filosofía y sospechaba que aquello le auguraría bastantes desgracias en un futuro. A las señoritas se les permitía leer cualquier cosa que pudiese cultivarlas o convertirlas en una compañía agradable y se esperaba que fuesen capaces de leer en voz alta para entretener a sus familias y también a los invitados. Si una chica no lograba dominar esto, le esperaba un largo camino por delante, ya que las conversaciones chispeantes constituían la piedra angular de casi todos los compromisos sociales a los que tendría que enfrentarse.

Por supuesto que no todo lo que una dama leía era para conseguir talentos a ojos de la sociedad. Quién podía resistirse a una zambullida en las revistas de moda que hasta aquellas como la reina Carlota y sus hijas consumían, llenas de noticias de la sociedad, de quién se había puesto qué y de dónde se había visto a alguien y en compañía de quién. Sin el panfleto de lady Whistledown para informar a las damas de lo que ocurría en el mundo de la moda y la sociedad, ¿dónde habrían quedado las familias de *Los Bridgerton*?

La compañera natural de la lectura es, por supuesto, la escritura, y nuestras señoritas de la Regencia abordaban los estudios de redacción de dos maneras. La primera consistía en que ser un miembro respetable de la clase alta implicaba un envío y recepción de correspondencia constante y, cuando una dama se sentaba en su *bureau* ataviada, como cada mañana, con un sencillo vestido para estar en casa, lo único que tenía en mente era su correo. Esa era la forma de seguir en contacto con lo que ocurría entre su familia y su círculo y, lo más importante, era el medio por el que conseguía que la rueda de la sociedad no dejase de girar. Tenía que mantenerse al día, si no ¿cómo demonios iba a conocer los pormenores de todos los cotilleos de Almack's?

Hoy en día, que redactamos un mensaje o un correo electrónico de cualquier manera y casi sin pensárnoslo dos veces, puede que nos resulte desconcertante darnos cuenta de lo diferente que resultaba esto mismo para las damas de la Regencia. Y aquí es donde entra el segundo elemento de su educación en la escritura: el arte de la composición de textos.

Para ellas, dirigirse por correo a un conocido era un arte en sí mismo y aprender a escribir una carta conformaba una parte importante de su educación. No solo se trataba de que la forma, el contenido, la gramática y la puntuación fueran aceptables, sino también la propia caligrafía. Aunque en nuestros tiempos algunas de las cartas manuscritas de la época pueden resultarnos prácticamente indescifrables, también nos permiten examinar preciosos ejemplos del arte de la escritura epistolar creados por las manos de jóvenes damas que estaban poniendo en práctica todo lo aprendido. Era una forma de expresión personal.

Aunque no se incentivaba la escritura creativa, las mujeres que redactaban diarios y agendas en el siglo XVIII nos han dejado retratos de sus vidas y su época a golpe de pluma. Desde la mirada cercana de Frances Burney sobre la corte de Jorge III y Carlota de Mecklemburgo durante las crisis de salud del rey, hasta los intrincados diarios codificados de Anne Lister, este tipo de documentos son uno de los testimonios en palabras que nos permiten ser capaces de revivir los tiempos que conocieron. Nos posibilitan ver a las mujeres reales tras los retratos que con tanto mimo construyeron y escuchar unas voces que, de otra manera, habrían caído en el silencio.

Había algunas materias académicas en las que se instruía tanto a los chicos como a las chicas, aunque por norma general se hacía con intenciones completamente distintas, en lo que respectaba a su posterior aplicación. En el caso de la aritmética, la gestión del hogar era una vez más la fuerza impulsora de la educación que recibían las señoritas, en concreto, la certeza de que llegaría el día en que la esposa tendría que gestionar las cuentas de la familia. Apenas se enfocaban en cualquier otra área de esta materia y, además, la institutriz de cualquier joven dama le enseñaba a equilibrar los presupuestos y a gestionar cualquier elemento del libro de cuentas de la casa. Incluso la camarilla de los miembros femeninos más destacados de la clase alta se hacía responsable de esto, porque al igual que el marido aportaba el dinero gracias a sus tierras u honorarios (*jamás* sueldo si se trataba de un caballero), nuestras damas debían ser expertas en administrarlo.

La lectura, la escritura y la aritmética eran las tres piedras angulares indispensables de la educación de la mujer, pero una señorita no podía iluminar un salón solo con el dominio de estas tres materias. Además de este abecé, se encontraban los encantos femeninos que podían desplegar para hacer la oferta algo más irresistible cuando los partidazos como Anthony Bridgerton salían al mundo del mercado matrimonial.

Aunque los predecesores de Jorge III inmigraron desde Alemania y trajeron consigo a su séquito y sus parásitos de habla germana, el francés era el idioma de las cortes europeas. Por lo tanto, la élite de la sociedad esperaba que se adquiriese la mayor fluidez posible en esta lengua y, una vez que hacía tiempo que los germanos parlantes de la corte habían pasado a la historia y Jorge III había obedecido las últimas órdenes de su padre de establecerse como un «hombre nacido y criado en Inglaterra», contar con soltura en otros idiomas dejó de ser una prioridad. La mismísima reina Carlota se había sometido con entusiasmo a clases de inglés cuando era una joven recién casada, ya que estaba decidida a encajar en el mundo doméstico de clase media que su marido tenía tantas ganas de crear. El italiano y el alemán se enseñaban hasta cierto nivel, el justo que una dama pudiese necesitar para ser capaz de seguir los espectáculos o interpretar canciones en esa lengua. Mientras que sus hermanos estudiaban latín y griego, era muy poco común que una joven dama aprendiese estos idiomas; en cambio, estos quedaban reservados para los chicos que estaban a punto de embarcarse en la vida como caballeros.

Gracias a que la reina Carlota y sus hijas le dieron un soplo de honra a la botánica, el arte y la música, estas se convirtieron en propuestas atractivas, especialmente desde que ofrecieron la oportunidad de enseñarse de manos de algunas celebridades con mucho prestigio y, por lo tanto, caras. Normalmente, se instruía a las señoritas en las ciencias naturales, además de otorgarles conocimientos básicos en humanidades. Sin embargo, cuando las chicas memorizaban los hechos más relevantes en lo que respectaba a historia, geografía, literatura y demás, lo último que se esperaba de ellas era que se los cuestionaran. Al igual que ocurría con la filosofía o la política, las disuadían para que no mostrasen demasiado interés en estas áreas. Como en todo, una buena esposa simplemente debía facilitar y participar en la conversación; buscar dominarla o influenciarla en detrimento de su marido quedaba totalmente prohibido.

Una vez se quitaban del medio las materias y los temas de conversación importantes, lo único que quedaba para las chicas eran las trascendentales labores artísticas. Algunas de ellas también tenían una aplicación práctica (y la que superaba a todas era la costura). Pese a que las damas adineradas de la clase alta no iban a confeccionar ni a remendarse la ropa, la filantropía sí era una de sus actividades principales, sobre todo si se tiene en cuenta que hasta la reina donó unos diamantes a un miembro del clero que se encontraba en apuros. Con tanto en juego, coser ropa para la caridad era una actividad que las mujeres de buena familia podían llevar a cabo para mejorar su imagen como filántropas dentro de sus círculos. La costura también atendía a un propósito decorativo; por eso, las damas se ocupaban en proyectos como el bordado o el macramé para luego regalarlos o exhibirlos en su casa. Igual que hoy en día hay gente que queda para charlar mientras hacen punto, antes se podía ver a las mujeres de la Regencia llevando sus neceseres de costura a los compromisos sociales diarios, de manera que podían mantener las manos ocupadas mientras se ponían a trabajar en el asunto serio de establecer lazos sociales. En especial, las damas más astutas guardaban los proyectos más impresionantes para esas sesiones de costura conjuntas y los usaban como una carta más para alardear de su talento y habilidades ante los ojos que las observaran.

Una vez dominada una caligrafía bonita, las siguientes en la lista eran la pintura y la ilustración. En concreto, se animaba a las chicas a que se convirtieran en expertas de estas materias y, en el caso de las familias más adineradas, las jóvenes aprendían con los personajes más famosos de su época, como el miniaturista William Marshall Craig y el compositor Samuel Wesley, también conocido como «el Mozart inglés». Ya que se desaconsejaba a las mujeres involucrarse en los negocios, la cualidad de pintar y quizá enseñar a los demás en el dominio de este arte, también podía tener un uso práctico. No todas las mujeres iban a encontrar un marido y aquellas que no lo hacían solían enfrentarse a un futuro complicado. Quedarse para vestir santos se consideraba algo antinatural, pero una mujer de clase alta trabajando para ganarse la vida se veía con muy malos ojos, y cualquier herencia que pudiese recibir solía confiarse y ponerse en manos de algún familiar varón. Debido a esto, muchas mujeres solteras pertenecientes a la alta sociedad debían depender de sus familias para que se ocupasen de su manutención. Tomar a unas cuantas señoritas como respetables pupilas de clases de arte era un medio para ganar una pequeña cantidad de dinero que podían designar como propia mientras hacían uso de sus talentos naturales. Los seguidores de Jane Austen tienen mucho que agradecerle en lo que respecta a que las señoritas dominaran las artes; la única imagen conocida de Austen creada durante su vida fue la que dibujó su hermana, Cassandra. Por desgracia, muchas mujeres pintoras con mucho talento se perdieron en la historia por culpa de las normas sociales de la época, pero, aun así, contamos con una artista extraordinaria que disfrutó de una enorme fama durante la Regencia, a pesar de que aparentemente lo tenía todo en su contra.

Sarah Biffin nació sin brazos ni piernas, pero fue capaz de pintar obras preciosas empleando la boca. La exhibieron por todo el país como «La maravilla sin extremidades» ante un público boquiabierto, hasta que George Douglas, el conde de Morton, descubrió sus excepcionales talentos y se convirtió en su mecenas. Bajo el patronazgo de Morton, Biffin recibió clases de pintura de manos del pintor William Marshall Craig y se convirtió en una de las mujeres artistas más aclamadas de su tiempo. Su trabajo se mostró en la Royal Academy y la familia real le encargó pintar miniaturas de ellos mismos, dando pie a una relación que, finalmente, tras varias malas rachas, llevó a que Biffin recibiera una pensión por cortesía de la reina Victoria durante los últimos años de su vida. Su historia merece su propia serie de Netflix.

La música era otro talento que se consideraba vital para una joven de clase alta. Cuando la reina Carlota viajó por Inglaterra como una adolescente recién casada, entretuvo a sus compañeros de travesía tocando canciones con su clavicémbalo y, además, Jorge III y ella organizaron algunos conciertos íntimos para amigos durante los primeros años de su matrimonio. En un alarde de buen juicio musical, la joven reina mostró una de las habilidades más atractivas para cualquier aspirante a dama de la clase alta. Las señoritas aprendían a cantar y a tocar instrumentos desde que eran pequeñas, siendo ambas dos cualidades tremendamente deseables cuando se trataba de obtener rápidamente pretendiente. Al contrario que la aritmética o los conocimientos históricos de carrerilla, estos encantos artísticos, junto con la danza, ofrecían, en alguna que otra ocasión, la posibilidad de transformarse en un pequeño atisbo de seducción.

Las mujeres respetables solo tenían permitido tocar unos pocos instrumentos, claro que cualquiera de ellos que atentara contra el decoro quedaba totalmente descartado. Así pues, no podía implicar que se soplase nada, tampoco mucho movimiento, y, por supuesto, nada de emocionarse indebidamente. Como la reina Carlota causó buena impresión con su clavicémbalo unos años antes, este permaneció como una elección bastante popular, aunque comenzó a perder el favor de los clientes a medida que pasaba el tiempo y los pianos se convertían en algo básico para toda familia respetuosa.

María Antonieta fue una arpista consumada e, incluso una década después de su muerte, el arpa continuó conservando un aura de misterio especial para las jóvenes damas, aunque tanto el instrumento como un tutor que las enseñase a tocarlo solo se encontraba al alcance de los más privilegiados. A nadie le extrañó que este instrumento no tardase en convertirse en un símbolo de estatus.

Pese a todo esto, en lo que al despliegue de las habilidades de seducción respecta, nada supera a la pista de baile. La capacidad de bailar resultaba extremadamente vital si una debutante quería crear un impacto duradero en pocos segundos y, en un mundo en el que no había escasez de chicas presentándose en sociedad, entrar en la pista de baile con buen pie podía significar un antes y un después. No obstante, existían muchísimas normas que no se podían olvidar; la primera era que la danza no le estaba permitida a todo el mundo. Para empezar, antes de que una dama pudiese bailar con un caballero, debían haberlos presentado formalmente. Si no podía ser a través de un miembro de la familia o un conocido igual de respetable, se podía convencer al maestro de ceremonias de una fiesta para asegurarse de que la chica no se quedase sin parejas a lo largo de la velada. La señorita escribía con un lápiz pequeño el nombre de su compañero de pista en una tarjeta de baile que le colgaba de la muñeca, de manera que así podía mantenerse al tanto de sus aspirantes a pretendientes. Para aquellas como Edwina Sharma, a quien no le faltaban parejas de baile, la sala que albergaba la fiesta era para ella un mar lleno de peces. Ser la fea del baile significaría el colmo de la muerte social para algunas de nuestras heroínas de la Regencia.

Sin embargo, aunque una obtuviese cierta variedad de compañeros, aún quedaban barreras que sortear. La mayor de todas la constituía el hecho de que una mujer que no estaba comprometida simplemente no podía bailar con el mismo hombre muchas veces durante una misma noche. Una vez resultaba correcto, mientras que dos sugería que aquella relación podía llegar a florecer más allá de la pista de baile. Sin embargo, ahí se encontraba el tope; si la dama en cuestión se pasaba un pelo, atraería una atención muy indeseada por parte de aquellos que marcaban las tendencias dentro de su entorno. Tres bailes insinuaban

Almack's daba cobijo a la flor y nata de la alta sociedad y aquel espectáculo había que verlo para creerlo. Supervisadas por las amenazantes *ladies* patronas, recibir un cupón de su sociedad era un paso vital en el progreso de cualquier señorita que buscase un matrimonio ventajoso.

que la mujer era proclive a un mal comportamiento y se arriesgaba a descubrirse fuera de la lista de invitados de los siguientes eventos.

Aunque los bailes de la Regencia resulten muy remilgados y estirados a nuestros ojos modernos, el decoro y la sociedad estaban controlados con tanta severidad que la oportunidad de tocarse o siquiera cogerse de la mano era lo suficientemente raro como para disfrutarlo de verdad. La carabina era un personaje omnipresente en la Regencia, pero cuando las parejas aprovechaban su oportunidad en la pista de baile, a estas no les quedaba otra que quedarse a un lado y permanecer ojo avizor durante el evento. No podían hacer mucho aparte de pegar el oído para escuchar las conversaciones que las parejas pudiesen mantener mientras bailaban, porque la excitación que fuese capaz de verbalizarse en una pista de baile no se debía infravalorar. Aquel lugar ofrecía una intimidad totalmente desconocida para las parejas solteras de la Regencia, desde robar palabras hasta la oportunidad de tocarse de verdad (si bien a través de los guantes de las jóvenes damas). La habilidad de bailar podía abrirte todo tipo de puertas que, de otra manera, habrían permanecido cerradas para la mayoría de las señoritas.

RAZA

Uno de los aspectos que ha captado el interés en gran medida de los espectadores de *Los Bridgerton* es su diverso reparto. Este existe en un mundo del que se espera la igualdad racial, pero por desgracia la realidad fue muy diferente al ideal ficticio.

Durante el cambio de siglo, alrededor de unas 15 000 personas afrodescendientes se encontraban residiendo en Inglaterra y este número ascendió a más de 20 000 a lo largo de la Regencia. Por desgracia, sus vidas casi nunca fueron comparables a las de la reina Carlota o el duque de Hastings de la serie de Netflix. El racismo y la discriminación eran el pan de cada día y, lejos de convertirse en los líderes de la alta sociedad, lo más común era que la gente racializada incluso tuviese problemas para encontrar un trabajo. A pesar de eso, la situación de las personas afrodescendientes durante la Regencia era mejor que la que habían sufrido en el pasado reciente. Gracias a los últimos fallos de la década de 1770, la nueva legislación reconocía la inexistencia de la esclavitud según la ley inglesa y escocesa, lo que sentaba un importante precedente para los esclavos que se encontraban en territorio británico. Básicamente, esto significaba que se convertían en personas libres y que los dueños de esclavos perdían su poder legal de obligar a alguien sometido a montarse en una embarcación que lo llevase lejos de Inglaterra. Pese a los desafíos a los que debían enfrentarse la gente afrodescendiente en el Reino Unido, este fallo convirtió el país en un lugar que les ofrecía una pizca de seguridad.

Aunque era muy poco habitual encontrar a personas de raza negra entre la alta sociedad, hubo mucha gente racializada prominente que ganó una tremenda popularidad durante la Regencia. En 1825, el actor Ira Aldridge hizo su aparición en Londres entre una gran aclamación, y se convirtió en el primer actor afroamericano en lograr un reconocimiento al otro lado del charco. Los boxeadores Tom Molineux y Bill Richmond atraían a multitudes enormes a sus peleas, y este último incluso llegó a enseñar a lord Byron a lanzar un puñetazo. Mientras tanto, el violinista George Bridgetower, un músico de descendencia africana, alcanzó el estrellato en Londres y a lo largo y ancho de Europa gracias a sus extraordinarios talentos. El mismísimo príncipe regente siguió personalmente su educación musical, y Bridgetower impresionó tanto a Beethoven que dedicó su Sonata de Violín n.º 9 al artista.

Aun así, al contrario que en *Los Bridgerton,* la verdad es que la clase alta no conformaba un grupo diverso. Puede que la historia real que más se acerque sea la de Dido Belle, hija de una mujer esclava y un caballero inglés. A Dido la crio el tío de su padre, conde de Mansfield, como a una dama de la alta sociedad, ya que dictaminó que no existía nada parecido a la esclavitud en territorio inglés. Se sugirió que la relación familiar con la chica influyó mucho en su opinión sobre el tema. Dido murió en 1804, por lo que no vivió para ver la Regencia, pero su historia se ha contado en los escenarios, en las pantallas y se ha publicado en muchas ocasiones.

Puede que uno de los elementos del elenco de *Los Bridgerton* que ha ocupado más titulares sea que le dieron a Golda Rosheuvel, una actriz guayanesa-británica, el papel de la reina Carlota de Mecklemburgo-Strelitz. La decisión avivó muchos debates y volvió a despertar el interés por la teoría de que la reina podía haber sido la primera monarca en Inglaterra, y hasta el momento la última, de ascendencia negra. El primero en proponer esta hipótesis fue el historiador Mario de Valdes y Cocom, que afirmó que era capaz de seguir el origen familiar de Carlota nueve generaciones atrás, hasta Margarita de Castro y Sousa, una noble aristócrata portuguesa del siglo xv de la que postulaba que era negra. Este recalcaba que en algunos relatos en los que se describían la apariencia de Carlota se utilizaban términos peyorativos raciales y señaló cuadros en los que la tez de la reina es notablemente más oscura que la que solía encontrarse en los retratos del siglo XVIII.

Las investigaciones de Valdes de los antepasados de la reina Carlota han causado acaloradas controversias y desafíos por parte de historiadores, que argumentan que las nueve generaciones que separan a Margarita de Carlota relegan esa conexión a algo irrelevante. Otros creen que Valdes pudo haber malinterpretado las pruebas históricas relacionadas con la identidad étnica de la monarca, lo que obviamente tendría consecuencias en sus teorías sobre el origen de Carlota. Mientras tanto, la casa real británica no ha hecho ningún comentario al respecto.

ASCENDIENDO EN EL ESCALAFÓN

Aunque mejorar la posición social no era imposible, resultaba una tarea complicada. Las mujeres podían conseguirlo mediante el matrimonio, tal y como se demostró a finales del siglo XVIII cuando Elizabeth Farren, la actriz hija de un cirujano alcohólico, le dio el sí quiero al duodécimo conde de Derby tras un cortejo que dejó boquiabiertos a los intelectualoides. El pretendiente de la chica fue Edward Smith-Stanley, cuyo primer matrimonio finalizó después de que su mujer gozase de una escandalosa aventura que no se molestó en esconder. El conde se negó a divorciarse de su esposa descarriada para evitar que esta se casase con su amante, pero le salió el tiro por la culata cuando comenzó a cortejar a Elizabeth Farren. La actriz insistió en que su madre los acompañara a todas partes, un acuerdo que continuó vigente hasta que lord Stanley quedó finalmente viudo. Seis semanas después de la muerte de su primera mujer, el conde de Derby volvió a desposarse con Farren.

Sin embargo, la ascensión social no era ni de lejos tan sencilla como parece en las historias de amor, ya que las clases más altas pretendían preservar sus propiedades y consolidar, o incrementar, su riqueza mediante matrimonios concertados con aquellos que se encontrasen en una posición social parecida a la suya. Además, esto no solo se trataba de jóvenes damas buscando a duques; también había numerosos muchachos nobles que se ofrecían a las hijas de las familias adineradas, que les entregarían generosas dotes, como si fuesen bocados irresistibles. Esa misma dote podía atraer a un marido de estatus superior que estuviese pasando por una mala racha, quien otorgaría, sin ningún problema, su título a una esposa, a cambio del dinero de la familia. Estos, claro está, no siempre resultaban los matrimonios más felices.

A veces, alguien podía comenzar un proceso que prestaría beneficios sociales a la próxima generación. Por ejemplo, a un hijo que fuese a la universidad se le abrirían las puertas de crear contactos con los hijos de la nobleza, lo que podría resultar beneficioso en los años venideros. Incluso un periodo como aprendiz, como el que emprendió John Soane, podía acabar con el aprendiz ascendiendo hasta muy por encima de sus orígenes. Soane era hijo de un albañil, pero su instrucción práctica en arquitectura fue el comienzo de una carrera que le llevó a su nombramiento como maestro de obra para el palacio de St. James y, además, con la entrega de un título de caballero a cambio de este trabajo. Hoy en día, se le recuerda como una figura destacada del campo arquitectónico de la época de la Regencia.

Pese a todo esto, en general, el mercado matrimonial ofrecía la mejor oportunidad de consolidar o mejorar la posición de manera inmediata (dentro de lo razonable). Ya le echaremos un vistazo más adelante, porque antes de lanzarse a Almack's, es imprescindible saber qué ponerse (y qué no...).

CAPÍTULO DOS

LA MODA

«¡Ay! Qué deleite al admirar esos finos ropajes, que desvelan cada músculo que bajo ellos se mueve; ese vestido de gasa, que con tanto gusto oculta, y, aun así, prende el pecho con lo que descubre a la vista».

A Poetic Epistle, revista *The Lady's Monthly Museum*[1]

Pocas cosas nos evocan una imagen tan clara de la Regencia como la moda. Aunque es posible que se hayan tomado algunas licencias en lo que se refiere al color y los dibujos de los tejidos con los que se confeccionaron los vestidos de corte imperio y alegres estampados que aparecen en *Los Bridgerton,* estos capturan la quintaesencia de esa silueta tan conocida por los fanáticos de las obras del momento, desde las de Jane Austen hasta Julia Quinn. A lo largo de la historia, la moda ha conformado un idioma en sí misma, con prendas que, sin palabras, expresaban muchísimo sobre las personas que las portaban. Durante la Regencia, estas comunicaban riqueza y estatus, y acertar en la vestimenta lo significaba todo en la alta sociedad.

Nadie que haya visto *Los Bridgerton* ha pasado por alto el llamativo armario de la reina Carlota, además de darse cuenta de qué manera este desentona con el mundo de la moda que ella misma presidía. La monarca fue producto de un tiempo y una corte diferentes y, a lo largo de toda su vida, tanto su vestuario como la actitud que albergaba respecto a la moda fueron un reflejo de ello. La mujer nació en 1744 en la pequeña corte del ducado de Mecklemburgo-Strelitz, en un momento en que el código de vestimenta era muy distinto al de la Regencia. Hubo un tiempo en el que las faldas anchas y las pelucas empolvadas de la reina Carlota estuvieron en pleno apogeo, pero para cuando Prinny reinó, no eran más que reliquias de otra era. Sin embargo, estas antigüedades se conservaron en formol dentro del séquito de Carlota, donde se esperaba que todo el mundo siguiera su ejemplo, lo que incluía la ropa con la que se vestían. La reina no quería tener nada que ver con los estilos modernos, hasta el punto de negarse a que sus damas se pusieran en el pelo las larguísimas plumas que dictaba la moda del momento y, por supuesto, a nadie se le ocurrió quejarse al respecto. En lugar de eso, las damas, cuyos armarios solían estar a la última, siempre que se encontraban en la corte, se ataviaban con vestidos de cortesanas anticuados que escondían sus figuras y les restringían los movimientos, y cualquier frustración al respecto se aireaba en la más estricta privacidad. Este era un pequeño precio a

Todo seguidor de *Los Bridgerton* sabe que los gustos en cuanto a la moda de la reina Carlota de Mecklemburgo-Strelitz estaban encallados en una época pasada, ya que la enorme ostentación del siglo XVIII se vio reemplazada por la simplicidad de los vestidos de corte imperio y los peinados elegantes y naturales que aparecieron tras la Revolución francesa.

pagar por contar con la atención de la reina; además, disponían de no pocas oportunidades de satisfacer sus gustos estilísticos propios fuera del conservador mundo que constituía la corte de la reina Carlota.

La moda en la Regencia no se parecía a nada que se hubiese conocido en el Reino Unido. La Ilustración y la guerra de Independencia de Estados Unidos cambiaron al país para siempre, y, además, al otro lado del mar, la Revolución francesa había modificado intrínsecamente el aspecto de Europa. Y el de la moda no se quedó atrás. En un mundo en que el consumo manifiesto y las muestras de ostentación se habían castigado con la guillotina, no quedaban muchos dispuestos a que se les acusara de alardear de riquezas.

El siglo XVIII fue un tiempo de exceso en el que el «más es más» estaba a la orden del día. Los vestidos se volvieron más anchos e incluso más elaborados, y era habitual usar pelucas, lo que se traduce en que las clases más adineradas consideraban que cuanto más ostentoso, mejor. Con el comienzo del siglo XIX y el envejecimiento de aquellos que habían liderado la moda en el siglo XVIII, una nueva generación comenzó a ganar relevancia. Esta rehuía de la exagerada extravagancia de las décadas inmediatamente anteriores y perseguía, en la moda, un corte más simple, mejor para mostrar la silueta natural. Se desprendieron de los anchos tontillos, las telas pesadas y las pretenciosas pelucas empolvadas de sus madres y abuelas en favor de una estética prestada de la misma época clásica que la Ilustración había abrazado. Se subió el talle de la ropa y el pelo se ocultó bajo simples tocados en lugar de con pelucas, mientras que tanto en los armarios masculinos como en los femeninos se reemplazaban los ricos adornos y los textiles extravagantes por telas de color blanco impoluto o tejidos más sencillos, como el fresco y ligero algodón. Los chalecos cortos y los estrechos calzones acentuaron la silueta masculina, mientras que la figura femenina no volvió a ocultarse bajo faldas anchas y vestidos a la francesa. Para aquel entonces, la Regencia había despertado y la máxima del estilo de la época georgiana de «más es más» que la reina Carlota imponía en la corte, ya solo se vislumbraba entre aquellos que sencillamente no fueron capaces de subirse al carro del cambio de tendencia. Lo que un día había sido un símbolo de modernidad, en ese momento pasó a ser algo del pasado. Los miembros de la alta sociedad no se quedaban a medias en lo que a la moda se refería, y daba igual si se encontraban relajándose en el campo o disfrutando de una actividad social de la temporada, la ropa resultaba un idioma en sí mismo. Las damas acababan con los ejemplares de las revistas como *Ackermann's Repository of Arts* y *La Belle Assemblée*, en cuyas láminas a todo color sobre moda se mostraba el último grito en conjuntos. Estas servían para dar ideas a las mujeres y que luego ellas se las pasasen a sus modistas. Igual que ocurre hoy en día con las revistas o incluso Instagram, estas exhibían las tendencias emergentes y capturaban el espíritu del momento, así que los lectores las acogieron con los brazos abiertos.

CÓMO VESTÍAN LAS DAMAS

Durante la Regencia, la formalidad de un vestido se describía de tres maneras: desvestido, medio vestido y vestido completo. Estos eran completamente distintos entre sí, tanto en estilo como en las circunstancias en las que te lo debías poner. Acertar era una parte fundamental de la supervivencia en la cima de la clase alta. ¡Un movimiento en falso y tendrías que dar muchas explicaciones!

El desvestido no implicaba estar desnuda, ni siquiera en ropa interior, sino ir ataviada con algo informal. Este era el atuendo que una dama se pondría por la mañana, o puede que incluso más tarde, siempre que no tuviese ningún compromiso que le exigiese sacar su mejor versión. Este tipo de indumentaria estaba concebida para estar por casa y pretendía ser cómoda y relativamente casual. Desde luego, no estaba destinada a que nadie ajeno a las personas más cercanas de la mujer la viese así, desvestida.

El siguiente escalón se conocía como el medio vestido. Menos sencillo, aunque tampoco tan llamativo como el vestido completo; el medio vestido era un poco más formal que el anterior, aunque menos que el siguiente. Básicamente, este era el equivalente a lo que hoy en día se podría

La indumentaria completa brindaba la oportunidad de ponerse los vestidos más lujosos del armario. En estas ocasiones, las mujeres se ataviaban con las mejores telas cosidas por las manos más delicadas que el dinero pudiese comprar, aunque hay que decir que el gusto de *Los Bridgerton* por las telas ricas y coloridas no era tan popular, ya que la mayoría de las damas se decantaban por los recatados tonos pastel.

describir como algo elegante, pero informal. Este tipo de indumentaria era para quedar con amigos y recibir o hacer visitas en las que la dama quería esforzarse, aunque sin pasarse. Al fin y al cabo, no quedaríamos para tomar café con un vestido de cóctel con lentejuelas... O sí.

Por último, pero desde luego no menos importante, encontramos el vestido completo, que suponía el mayor nivel de formalidad en el atuendo de la Regencia. Este quedaba reservado para las ocasiones estrictamente formales, como los eventos de la alta sociedad, los bailes y la corte. Llevar puesto algo por debajo de lo mejor cuando se requería el vestido completo resultaba el mayor paso en falso que se podía dar en el ámbito social, y jamás pillarían a un miembro concienzudo de la clase alta en un aprieto de ese estilo.

La vestimenta durante la Regencia no era ninguna broma y, para aquellos que marcaban las tendencias, prácticamente era un trabajo a tiempo completo. Desde los apretados corsés a los vestidos de algodón sueltos, encontramos muchísimos mitos sobre la moda femenina de aquella época. Puede que la forma más sencilla de separar la realidad de la ficción sea establecer en qué consistían los tipos de atuendos y, luego, echar un vistazo a cuánto se requería para vestir a una dama desde la primera capa hasta la última.

La ropa con la que se vestía una mujer se dictaba a raíz de lo que su agenda marcase ese día. En cuanto se levantaba, se ponía un vestido de diario y este lo elegía dependiendo de si iba a pasar la mañana dentro de casa o a dar un paseo ante los ojos del resto de la sociedad. Si no había una salida prevista, la vestimenta de diario consistía en un vestido blanco, sencillo y muy cómodo. Este estaba concebido para llevarlo en privado y desde luego no para recibir a nadie que no formase parte de los invitados más íntimos. Era posible que una mujer casada, que se encontrase ocupada con los asuntos domésticos, se recogiese el cabello en un moño bajo y lo ocultase bajo un casquete igual de sencillo: no había tiempo para frivolidades. Sin embargo, si esta salía a dar una vuelta, lo primordial era mantenerse a la altura de sus vecinos. El paseo era un asunto serio para las reinas de la moda, además de una oportunidad para dejarse ver con los últimos conjuntos y sus accesorios más a la moda, como un parasol si hacía buen tiempo o un abanico, con el que a veces podían comunicarse en un idioma propio. Siempre que una anduviese de acá para allá, cabía la posibilidad de ser vista.

Normalmente, las citas sociales tenían lugar al mediodía, y una dama debía asegurarse de haberse desprendido de su vestido informal de diario para recibir a las visitas o para hacerlas ella. Hasta cierto punto, podía mantener el estilo casual con los amigos, aunque lo que llevase puesto tenía que estar a la moda y, preferiblemente, considerarse como un medio vestido de tarde. La indumentaria elegida para dar un paseo por la ciudad también se consideraba adecuada para recibir visitas, así no se daba la impresión de que se había invertido demasiado esfuerzo y que se había hecho para alardear. ¡Al fin y al cabo, no podían tacharnos de ponerle demasiado empeño!

Los medio vestidos conformaban el siguiente nivel en términos de formalidad y ornamentación, ya que se situaban entre los conjuntos que se utilizaban para salir a pasear por la mañana y los vestidos completos de noche. Normalmente, se los ponían cuando las horas del mediodía avanzaban hasta el atardecer, pero no más tarde si la señorita iba a salir por la noche. Los escotes eran más pronunciados y los casquetes se dejaban a un lado en pos de modernos peinados (de los que hablaremos más tarde) o puede que incluso de una banda adornada. Las telas de los medio vestidos eran, en comparación, más ricas que las que se usaban para la ropa de los desvestidos, pero, aunque se acercaban, no llegaban a lo mejor de lo mejor: eso quedaba reservado para el vestido completo. De la misma manera que los escotes aparecían a medida que el sol se ponía, las mangas cortas y los guantes eran un elemento esencial en los conjuntos de noche. En alguna ocasión, se podía asistir a un evento en un medio vestido, pero solo de forma excepcional; en lugar de eso, existía la opción de un atuendo medio completo, que coqueteaba justo con el límite de los vestidos más vistosos del armario. Mientras una dama podía aparecer así vestida en los jardines de recreo, no pondría un pie en Almack's con eso ni en sueños.

En el momento en que la doncella de una dama ayudaba a su señora a vestirse por completo, había llegado la ocasión de poner toda la carne en el asador. Cuando los espectadores de *Los Bridgerton* piensan en esos vestidos tan llamativos y enjoyados que centellean a la resplandeciente luz de los candelabros, lo más posible es que estén evocando la imagen de un atuendo completo. Y qué imagen.

Aparte de lo protocolario del vestido para la corte, no existía nada más lujoso que una indumentaria completa que, además, brindaba la mejor oportunidad de presumir de riqueza y buen gusto. Esta se hacía eco de la misma silueta simple que el resto del vestuario de la mujer de la Regencia, es decir, que tenía un corte esbelto con un talle imperio que caía justo debajo del busto, pero las telas y los adornos eran mucho más hermosos que los de los otros vestidos. Lo que hoy conocemos como estilo imperio, en su momento se denominaba «directorio», una referencia a la moda que estaba surgiendo en la Francia de Napoleón, en la que los talles altos y las faldas sueltas se habían convertido en el último grito gracias a que la emperatriz Josefina, una de las personas que marcó tendencia en su época, abogó por ellos. El cómodo algodón de los vestidos de mañana no tenía cabida en los atuendos completos. En lugar de eso, las damas se vestían con crespón o satén recubiertos de adornos como encajes y gasa con la intención de crear un conjunto lujoso y resplandeciente.

Aunque los fans de *Los Bridgerton* se hayan enamorado de los preciosos vestidos llenos de color que se llevan en la serie, habría sido difícil encontrarlos en la mayoría de los armarios de la Regencia. En cambio, por norma general, los ropajes eran blancos o en uniformes tonos pastel, ya que los colores más extravagantes se reservaban para los adornos y los accesorios. Como parte de los adornos se podía incluir, de manera excepcional, una cola, aunque lo más común era que el dobladillo tuviese la largura justa para permitir que la mujer bailase. Los zapatos solían consistir en unas exquisitas bailarinas con las que la dama pudiese darse una vuelta por la pista. Estas estaban a años luz de los tacones brocados que se llevaban en pleno apogeo del periodo georgiano y que han sido los causantes de que muchas de las heroínas ficticias de la Regencia se hayan caído en medio de la lluvia. Pero la danza estaba a la orden del día del mercado matrimonial, por lo que las bailarinas eran prácticamente obligatorias; al fin y al cabo, el baile venía acompañado de amoríos, y ¿qué podía ser mejor para una dama de la alta sociedad que marcaba tendencia?

Cuando una señorita iba con la vestimenta completa, jamás le faltaban unos guantes impolutos. Los pulcros casquetes de día se veían sustituidos por tocados, como las bandas y los turbantes, que también podían adornarse con las elaboradas plumas que la reina Carlota odiaba con todas sus fuerzas. Una mujer completamente ataviada tampoco podía dejarse ver sin sus joyas, y aquí, una vez más, se presentaba una oportunidad para mostrar la riqueza de la familia y, en el caso de la muchacha soltera que se encontrase buscando un marido, la clase de dote que podría aportar a la unión.

Por último, el vestido para asistir a la corte pertenecía a un género propio. Esta vestimenta se adhería a un conjunto de normas muy estrictas y resultaba bastante inadecuado llevarlo puesto en cualquier otro lugar, debido a que era extremadamente formal y, también, porque estaba completamente pasado de moda en el momento en el que comenzó la Regencia. Tal y como ya se ha mencionado antes, durante el tiempo en el que la reina Carlota presidió la corte se hicieron muy pocas concesiones ante tales trivialidades, no importaba que el príncipe regente gozase con la moda. Las damas que aparecían entre el séquito de palacio eran el culmen de la sociedad educada y comprendían, de forma intrínseca, que el código de vestimenta que había establecido la antigua monarca era rígido y no había que meterse con él.

Mientras las modas se revolucionaban en favor de figuras más modestas y discretas en la mayor parte de la sociedad de la Regencia, la corte de la reina Carlota permanecía firme en la preferencia por las faldas anchas y los miriñaques. El resultado: cuando las mujeres que seguían la moda intentaron fusionar los dos estilos y combinaron el tiro alto del corte imperio con las faldas amplias justo por debajo del busto, obtuvieron una silueta ridícula.

Los vestidos de la corte eran poco prácticos y difíciles de llevar, además de que apenas habían cambiado con el paso de las generaciones. Aunque los tontillos, esos armazones que ensanchaban las caderas hasta proporciones que en ocasiones podían resultar absurdas, a la vez que mantenían planas la parte delantera y trasera del vestido, que Carlota porta en *Los Bridgerton* llevaban años sin usarse por parte de su séquito, los modernos vestidos rectos no estaban permitidos. En lugar de eso, la indumentaria para la corte consistía en faldas con cola con un miriñaque por dentro que ocultaba la silueta que se encontraba debajo. Cuando las damas trataban de combinar esto con los diseños modernos de talle alto, lo único que conseguían era un vestido de corta y pega con un aspecto muy extraño, porque la parte de arriba era moderna, pero la de abajo estaba completamente pasada de moda. Aunque la reina odiase las plumas largas sobre la cabeza, se alegró de continuar con la antigua tradición de portar plumas blancas en el cabello. Estas se iban alargando poco a poco y de forma gradual hasta que una palabra oportuna de la reina o de alguien de su círculo de confianza las volvía a acortar para que tuviesen una medida más tradicional.

Para cuando el rey se retiró de la vida pública, el matrimonio del futuro regente ya se había desplomado de una manera espectacularmente pública. Aunque siguiese casado con Carolina de Brunswick, la pareja tenía vidas completamente separadas, por lo que la mujer jamás tuvo ocasión de dejar la huella de su influencia nada convencional en la corte. Más tarde escandalizaría hasta la médula a la sección más refinada y cultivada de la sociedad al exhibir los tobillos durante un segundo y al bailar con vestidos diáfanos sin nada debajo mientras se encontraba en el continente, y es que la corte británica jamás había presenciado escenas como esa. Por el contrario, la reina Carlota continuó dominando el cotarro y, en lo que a la vestimenta de su séquito se trataba, era completamente inamovible.

El príncipe regente y su madre habían tenido unas discusiones espectaculares en el pasado, pero a medida que Carlota envejecía y la enfermedad de su marido la dejaba cada vez más aislada, Prinny y ella se convirtieron en los mayores defensores el uno y del otro. Aunque el joven que ocupó el trono en ausencia de su padre era un hombre moderno, un creador de tendencias extraordinario, sabía que no debía entrometerse en el atuendo de los cortesanos que su madre controlaba de una forma tan estricta. Solo cuando murieron los viejos reyes y Prinny comenzó a gobernar bajo el nombre de Jorge IV, este permitió a las damas de la corte que cambiaran el estilo que había sido inamovible durante décadas. Los miriñaques por fin se dejaron a un lado en pos de vestidos más simples y modernos, y los complejos tocados emplumados que habían estado prohibidos se convirtieron en un complemento de rigor. Aunque la tradición de las plumas de avestruz se mantuvo, a estas se le incorporaron tocados más llamativos y elaborados, hasta que las hileras de plumas flotaban con la brisa muy por encima de las cabezas de las reinas de la alta sociedad. La monarca Carlota habría echado mano de su solución de amoniaco si hubiese estado por allí cerca para presenciar tal decadencia.

Antes de que pasemos a los caballeros, este es un buen momento para adentrarnos en todas y cada una de las capas de ropa que una dama solía llevar. También conforma una oportunidad de aclarar algunos mitos, más concretamente el de los apretadísimos corsés de tortura. Si llegaron a existir, desde luego no formaron parte de la vida de la Regencia, aunque los espectadores de *Los Bridgerton* quedan perdonados por pensar que sí después de haber visto las escenas de la serie en las que tiran tanto de los cordeles que las actrices se quedan sin aliento.

Al contrario de la creencia popular, los corsés no eran la primera prenda que se ponía y, desde luego, jamás recaía directamente sobre la piel. En cambio, la capa interior consistía en una blusa o un vestido liso y recto, que era una prenda sencilla de lino que rozaba la media pantorrilla, con el fin de asegurar que se evitaba mostrar cualquier atisbo de piel de forma accidental. Solo entonces se ponía el corsé, aunque no se trataban de prendas llamativas y ceñidísimas. De hecho, estaban hechos de lino liso, lo único que les daba una ligera forma eran unas tablillas y un cierre tipo *busk* rígido que recorría la parte delantera; el corsé se ataba a la espalda con cintas. Aunque el mito que ha prevalecido es que estas prendas resultaban dolorosas y restrictivas, no era así, por norma general. La principal limitación se encontraba en los hombros, zona en la que los tirantes hacían que levantar los brazos resultase todo un reto. Más allá de eso, los corsés de la Regencia eran cómodos de llevar… Por supuesto, no había necesidad de aferrarse al poste de la cama y apretar los dientes como si fueras Escarlata O'Hara.

Una vez se habían puesto la prenda interior y el corsé, llegaba el momento de los calcetines de media por encima de la rodilla, que se sujetaban mediante ligas. De nuevo, estos no estaban adornados y su diseño respondía más a una cualidad práctica que elegante. Una dama terminaba de ponerse la ropa interior con una enagua sencilla, que cubría desde el cuello del vestido hasta bastante por debajo de la rodilla. Para no alterar el corte del vestido, solían ser de talle alto; básicamente, imitaban la forma de las capas exteriores y con ella se disipan los mitos de que, si la vestimenta se mojaba, esta se pegaba a la silueta femenina que descansaba debajo. Con todas las prendas que se llevaban debajo de los vestidos, lo único que conseguiría una mujer empapada sería estar incómoda; desde luego, no le estaría mostrando su lado más insinuante a los buenos partidos que se cruzasen en su camino.

Es posible que el lector se haya dado cuenta de que falta un elemento en esta lista de ropa interior: por supuesto, las braguitas. No es que hayamos cometido un error, es que, en la vasta mayoría de familias, las damas no se las ponían. Este tipo de prenda íntima no era para nada común en la Regencia y no formaba parte de la más que completa ropa interior que usaban las mujeres de clase alta en aquella época.

Encima de todas estas capas iba el vestido y, después, dependiendo de lo que requiriese la ocasión, un chal, una pelliza, un *spencer* (chaquetilla corta y de manga larga típica del momento) o cualquier otra prenda exterior. Como podrán imaginar, la vestimenta de la Regencia otorgaba una libertad de movimiento a la mujer que le resultaba toda una novedad. Se despidieron de las pesadas enaguas, los miriñaques o los tontillos de las generaciones anteriores, y la figura femenina, escondida hasta entonces, se volvió fácil de distinguir a través de los ligeros vestidos, incluso pese a todas esas capas interiores. Pero el mundo de la alta sociedad no solo giraba alrededor de las mujeres, y aquellos bailes lujosos solo habrían incumbido a una parte si no hubiese habido hombres allí presentes para acompañar a las damas por la pista.

CÓMO VESTÍAN LOS CABALLEROS

Durante el siglo XVIII, la moda masculina había consistido en prendas muy decoradas, con bordados complejos; estas, junto a los calzones por la rodilla, los calcetines de media y los zapatos con hebilla habían sido los básicos para el hombre moderno y vividor. Sin embargo, en la Regencia, estos elaboradísimos conjuntos no eran ninguna novedad e, igual que las mujeres tomaron nota de la época clásica y se decantaron por sencillos vestidos rectos de color blanco, los hombres encontraron su inspiración en una fuente similar. Durante décadas, un rito de iniciación para los jóvenes había sido el *grand tour,* una oportunidad de explorar Europa y visitar los mayores lugares de interés histórico. Tal y como Colin Bridgerton aprendió, este viaje suponía una ocasión no solo para lanzarse de cabeza al vino, las mujeres y la música, sino también a los restos del mundo clásico, desde las exquisitas esculturas de mármol hasta los frescos que existen desde tiempos ancestrales. Estas obras, que hacían hincapié en la figura perfecta y musculosa, tuvieron un impacto en los hombres que las presenciaron y en su vestuario, que se modernizó con el paso de los años.

Hubo un tiempo en que los hombres representaban su riqueza con telas llamativas y adornos en su vestimenta. Los encajes y los bordados eran tan comunes en la ropa masculina como en la femenina, pero a medida que el siglo XVIII avanzaba hacia el XIX, el corte y la confección de los trajes reemplazaron a los brocados, el terciopelo y los encajes como indicadores de abundancia y calidad. Los calzones por la rodilla se alargaron y los pantalones se volvieron algo más corrientes, a la vez que se decía adiós a los montones de seda y encajes que un día rodearon los puños de las camisas. De hecho, les dieron pasaporte a todas esas telas rígidas y pesadas, y las reemplazaron por la lana, el algodón o el resistente ante de aquel icónico conjunto del señor Darcy.

«Desde su cámara, el dandi acecha,
para dar su paseo matutino y para el rato pasar,
tras haber vagado de acá para allá,
vestido como un dandi por el distrito Southwark,
cruzará las aguas en una chalana
y atravesará Size Lane hasta Bucklesbury».[2]

Beau Brummell era el dandi más famoso de todos. Su predilección
por los colores apagados y la confección meticulosa ha
influenciado la moda masculina incluso en el siglo XXI.

Esta revolución en la moda masculina debe su existencia en gran parte a los dandis, que surgieron durante los últimos años del siglo XVIII. Puede que el más famoso y, desde luego, el más influyente, fuese Beau Brummell, «el "reflejo de la moda" de la calle St. James», quien se mantuvo a sí mismo y a su moderno grupo, del cual el regente era un miembro destacado, en los más altos estándares personales.[3] Las prendas discretas, aunque confeccionadas a la perfección, que adoptó Brummell expresaban un rechazo explícito a los estilos ostentosos con los que se había vestido la generación anterior. Para ser un dandi debías mostrar sentido común, no solo en lo que se refería al estilo, sino también buen gusto en todo.

Aunque los seguidores de *Los Bridgerton* ya están más que familiarizados con todas y cada una de las capas que descansaban bajo estas ropas, merece la pena ir una por una, igual que hemos hecho con las damas en las páginas anteriores. Quizá se hayan dado cuenta de que ella se ponía tres prendas antes incluso de ir a por el vestido, pero las cosas eran un poco más sencillas para los caballeros modernos y vividores.

Si hablamos de ropa interior, encontramos dos opciones. Algunos llevaban calzoncillos, que tenían un corte muy parecido al de un par de calzones. Estos se abrochaban con botones y eran lo bastante estrechos para no formar ninguna bolsa bajo un par de modernos innombrables. Y, aquellos que preferían no utilizar esta prenda, tenían la alternativa de subirse los faldones de la camisa en algo parecido a un pañal de la Regencia. Puede que no sea precisamente como los fans se imaginaban al duque de Hastings, pero así se hacían las cosas. Un par de calcetines altos y lisos de media completaban la vestimenta interior, a no ser que el tipo sintiese la necesidad de llevar corsé. Casi ninguno admitía usarlo cuando lo hacía, pero desde luego muchos se sorprenderían con lo que podían ocultar las voluminosas y sobrecargadas túnicas militares del príncipe regente.

Básicamente, eso era todo, así que si nuestro caballero evitaba los calzoncillos en pos de los faldones de la camisa, en parte ya iba con la ropa exterior. Pese a que las portadas de los libros en las que aparecen esos abdominales marcados cubiertos por una camisa suelta y desabrochada puedan sugerir lo contrario, las camisas de la Regencia no se abotonaban de arriba abajo, sino solo desde el cuello hasta más o menos la mitad del pecho. Esta se cerraba con botones que se disimulaban bajo un plastrón y terminaba en unos puños de unos cinco centímetros, sin ninguno de los sofisticados encajes que fueron símbolo de riqueza y gusto solo unos años antes. Sin embargo, las mangas, que eran la única parte en la que se permitía alguna pequeña indulgencia, estaban hechas de grandes cantidades de lino, que se plisaban y se fruncían en los hombros y los puños. Si se vestía con un atuendo completo, el caballero también tenía permitido un poco más de vuelo en la parte delantera de la camisa y, además, podía añadirle unos cuantos volantes si se estaba vistiendo de etiqueta.

Lo siguiente son los «innombrables» o calzones. Para cuando comenzó la Regencia, los calzones por la rodilla y los calcetines de seda espiraban sus últimos alientos y solo los preferían aquellos que se habían quedado atascados en una época anterior. Aunque los caballeros de la Regencia tenían predilección por los pantalones estrechos para la ciudad, cuando se vestían de gala o para la tarde, los calzones de ante se han convertido en un sinónimo de este periodo, gracias a las obras de ficción que se enmarcan en la Regencia. La conocida piel de ante continuaba siendo común para ir al campo o si el orden del día requería un atuendo más casual. También resultaba un sorprendente signo de riqueza: como el ante no se podía lavar y siempre llegaba un momento en el que perdía la forma, los calzones tenían que reemplazarse a menudo, algo que solo un tipo con dinero a su disposición podía permitirse. Indistintamente del estilo, los innombrables se volvieron estrechos con la intención de atraer la atención hacia la figura masculina, tal y como había sucedido con la silueta femenina, que se revelaba con los vestidos de talle imperio y los escotes pronunciados que dictaba la moda. Si la musculatura de un caballero no estaba del todo a la altura de lo que se consideraba un estándar aceptable, podía emplearse un pequeño relleno, aunque con moderación. Los rumores sobre unas pantorrillas con demasiado relleno eran, tristemente, solo eso. Los calzones se sujetaban mediante tirantes y se abrían con una solapa en la parte delantera que se conocía como la *front fall* (algo así como una bragueta en forma de solapa en la parte delantera). Esta podía ser ancha o estrecha, pero en todos los casos se abotonaba para evitar que nuestros caballeros se ruborizaran.

Una vez se había puesto su conjunto básico, llegaba el momento de añadir los toques finales. Un chaleco ofrecía la oportunidad de mostrar un poco de clase, y muchos de estos estaban decorados con adornos, especialmente aquellos reservados para las ocasiones especiales. Al contrario de los ejemplos modernos, que se estrechan en la parte de abajo, los chalecos de la Regencia eran completamente rectos. Se ceñían a la espalda con correas, con hebillas o lazos, aunque de eso se ocupaba el ayudante de cámara del caballero. Este también se encargaba del plastrón, que debía almidonarse si uno quería ser un verdadero dandi. Aunque Brummell y su grupo preferían ir de blanco impoluto, un plastrón estilo Belcher, lleno de colores alegres, otorgaba a los caballeros la opción de ir tan extravagantes como quisieran, con un conjunto que, sin él, se hubiera considerado sobrio.

Por supuesto, la sencillez estaba a la orden del día de las chaquetas, obligatorias para los caballeros. De nuevo, estas se confeccionaban para alardear de físico, sobre todo, en el caso de aquellas que contaban con una cola que descendía hasta los muslos por la parte trasera, a la vez que se cortaba justo por encima de la cintura en la zona frontal, por lo que se exhibía un atisbo del chaleco que portaban debajo. Hubo un tiempo en el que la chaqueta se habría bordado y adornado en señal del estatus, pero cuando llegó la Regencia, menos era más. Una de las pocas concesiones que se hicieron al respecto fue la moda de poner botones dorados sobre una chaqueta azul, pero esta fue la única excepción de una regla que por lo demás resultaba bastante rígida.

A continuación, encontramos las botas, que, dependiendo de la actividad que fuese a realizar nuestro caballero, y lo mucho que esperase alardear de sus impresionantes pantorrillas, serían de una largura u otra. Por otro lado, los zapatos eran de piel lisa y se abrochaban con una hebilla; una vez más, lo último de lo que alguien quería que se le acusara era de ser extravagante. Un caballero daría el toque final a su conjunto con un par de guantes de ante y un sombrero de piel de castor si salía de casa y ¡entonces estaría listo para ir a dar un paseo y captar la atención de todas las chicas que pasaran por su lado!

Por supuesto, en lo relacionado con el atuendo para la corte, una vez más, la moda quedaba subyugada a la tradición. Para cumplir los deseos de la reina, los hombres vestían trajes formales confeccionados en telas oscuras y adornados con complejos bordados y el tipo de encaje que, en aquellos tiempos ya modernos, nadie vería por la calle. Los calzones por la rodilla y los calcetines de seda formaban parte del uniforme, al igual que una espada ceremonial. De hecho, las imágenes que muestran a los cortesanos de la época de la Regencia apenas pueden distinguirse de los que pertenecieron a la generación anterior. En algunos asuntos, el progreso llegaba a paso de tortuga.

PEINADOS Y DESPEINADOS

Las influencias neoclásicas impregnaron la era de la Regencia. Los creadores de tendencias se inspiraron en las estatuas y los dibujos del mundo antiguo con la esperanza de mostrar un aspecto más natural y pronto fue inevitable que sus mayores atractivos acabaran por someter a esa misma revisión a los armarios. A medida que las modas evolucionaban, se fueron abandonando las pelucas que necesitaban un apuntalamiento arquitectónico en pos de los peinados, tales como el recogido *cirque knot* o de «las tres potencias», que consistían en estilos sencillos e informales diseñados para sacar lo mejor del pelo natural sin la necesidad de andamios, polvos y crines de caballo. Hubo un tiempo en que las pelucas repeinaron el cabello hacia atrás para alejarlo de la cara y mantenerlo oculto, pero durante la Regencia los rizos que enmarcaban el rostro resultaban de lo más convencional. Lejos de las formalidades de la era georgiana, los recogidos sueltos en la parte posterior de la cabeza mantenían los tirabuzones perfectamente recluidos y, con ellos, la naturalidad volvió a ocupar el primer plano. A pesar de eso, era muy poco frecuente entre las mujeres, si es que pasaba, que se las viese en público con el cabello suelto una vez pasada la infancia, y mostrarse despeinadas quedaba reservado para los escenarios más íntimos y privados. Las mujeres casadas siempre se recogían el pelo en público, jamás lo llevaban suelto.

Ya habían desaparecido las cestas de frutas, las exhibiciones de botánica y los galeones que aliñaban los estilos en boga durante las décadas anteriores. Estos se habían visto reemplazados por preciosas cintas, como las que adoraba Lydia Bennet, a la vez que se añadían perlas, peinetas adornadas y algunas flores sencillas para crear un estilo más llamativo. Exactamente igual que ocurría con la vestimenta, el peinado cambiaba dependiendo de la hora del día. Por ejemplo, por la mañana, el pelo se recogía bajo un casquete o con una banda, pero durante los eventos nocturnos sí que se adornaba, aunque se mantuviese natural. Como en todo, los adornos más elaborados pretendían alardear de la riqueza familiar, aunque sin ostentaciones. Si era necesario, se agregaban postizos, aunque siempre se integraban con el pelo natural en lugar de llevarlos como si fueran una peluca. La mismísima reina Carlota realzó su cabellera con mechones (extensiones de cabello) en la coronación de su marido, cincuenta años antes.

Durante los años anteriores, había que buscar mucho para encontrar a una mujer que se hubiese cortado el cabello corto, pero este tipo de modas comenzaron a prosperar a comienzos del siglo XIX. Al igual que el vestido estilo directorio cruzó el canal desde Francia, la moda de los cortes de pelo radicalmente diferentes también llegó a Inglaterra desde su vecina en el continente, a consecuencia de la Revolución Francesa.

Ya que la Revolución francesa se aproximaba muchísimo más a la comodidad, las modas inglesas cambiaron drásticamente en solo unos pocos años y se inclinaron por hacer hincapié en los peinados naturales y modestos. Las enormes pelucas de hacía solo una generación habían desaparecido para siempre; en Francia incluso algunas mujeres comenzaron a llevar el cabello desfilado, parecido a un temprano estilo de corte *pixie*, reflejo de las asesinadas mediante Madame La Guillotine.

Una vez finalizó el Reinado del Terror en Francia, emergió una subcultura de jóvenes que habían perdido a amigos, familia y fortunas por la cuchilla nacional. Ellos marcaban las tendencias y albergaban eventos llamados *bals des victimes*, exclusivas reuniones sociales que honraban a las víctimas de la revolución de un modo tenebroso e irreverente. Los asistentes se saludaban con una violenta sacudida de las cabezas, mientras que las mujeres portaban finas cintas rojas a modo de gargantillas, que sugerían el corte de la guillotina, y se envolvían en chales del mismo color que recordaban a cuando ejecutaron a Charlotte Corday por el asesinato del líder revolucionario Jean-Paul Marat. Sin embargo, lo más influyente fue el *coiffure à la victime,* un corte de pelo muy corto que imitaba aquel que se imponía a los prisioneros justo antes de que los decapitaran. Este era un estilo radical que simbolizaba que perdían la cabeza por seguir las modas hasta el punto de la vanguardia (el juego de palabras no ha sido adrede).

La tremendamente moderna e infame lady Caroline Lamb lució un peinado *bob* corto que influenció a las damas más atrevidas a seguir sus pasos; pero el estilo más popular de lejos fue el que muchos conocerán de las adaptaciones modernas de Jane Austen, que consistía en un recogido alto y tirabuzones enmarcando la cara. Esos rizos se podían cardar hacia delante para que asomasen por debajo de un casquete, una banda o un tocado durante el día, a pesar de que estos últimos en realidad apenas se veían en el mundo de *Los Bridgerton.* En ese momento, mantener descubierta la parte trasera del cuello se convirtió en algo deseable, ya que un cuello bonito se consideraba una de las mejores cualidades que una mujer podía poseer (¡o al menos una de las mejores que tenía permitido mostrar entre los más refinados y cultivados de la sociedad!).

Al igual que para las mujeres, empolvarse el cabello perdió el favor de los hombres y volvió a permitirse que se viera el color natural del pelo. Fueron las razones prácticas las que propiciaron este cambio, ya que los impuestos que el primer ministro William Pitt, el joven, cobraba sobre el polvo para el cabello a finales del siglo XVIII hicieron que los hombres modernos pusieran el grito en el cielo. Como no era fácil conseguir harina, estos se rebelaron llevando las pelucas con su color de pelo natural y, al final, sencillamente las abandonaron en pos de no portarlas. Al frente de la rebelión se encontraba el duque de Bedford, que se deshizo de su peluca y, en su lugar, lució con orgullo un cabello muy corto y encerado que estaba muy en boga. Aunque algunas profesiones todavía requerían el uso de estas, el único lugar en el que continuaron siendo comunes fue en la corte, en la que se esperaba que los hombres siguieran las mismas tradiciones pasadas de moda que los habían visto con calcetines de media de seda mientras las damas vestían faldas con miriñaques y las decadentes plumas de avestruz.

Pese a que algunos de los caballeros más tradicionales continuaron aferrándose a sus pelucas hasta el final, la mayor parte de la población masculina siguió los pasos de las mujeres e, incluso, les tomaron la delantera en cuanto a los estilos de la antigüedad. Los nombres surgieron de las antiguas Roma y Grecia, de manera que se popularizaron algunos *looks* como a lo «Tito», a lo «César» y a lo «Bruto». Este último se hizo famoso gracias a Beau Brummell. El cabello se peinaba con cera o una pomada hecha de grasa de oso derretida y se lavaba lo menos posible. Los caballeros de la Regencia se dejaron crecer el pelo más que en las generaciones anteriores y se lo cepillaron hacia delante. Además, no se rasuraban las largas patillas que les enmarcaban la cara exactamente igual que ocurría con los tirabuzones y los rostros de las mujeres. Pero, aunque estas se considerasen el último grito, los hombres vividores y a la moda se afeitaban al ras y dejaban el bello facial para aquellos a los que les quedaba un largo, larguísimo, camino hasta llegar a la alta sociedad.

MAQUÍLLATE... NATURAL

Para causar sensación entre la alta sociedad, no bastaba con formar parte de esta, sino que tenían que parecerlo. Las damas creaban poco a poco un armario que despertara envidias, se aseguraban de que su cabello estuviese impecable y a esto le incorporaban sus mejores joyas para exhibir el prestigio de su familia. Pero, antes de colocarse los guantes, quedaba dar el último toque: el maquillaje. No muchos años antes de la Regencia, el maquillaje había sido típico tanto entre los hombres como entre las mujeres de las clases más altas, y una cara pálida acentuada con unos labios rojos y colorete en las mejillas había estado a la orden del día; desde luego, la paleta de colores *nude* no iba con el estilo georgiano. De hecho, la devoción por la moda de algunas mujeres se convirtió en su ruina debido a los peligrosos componentes que se usaban en algunos productos.

La célebre Maria Gunning, condesa de Coventry, y su enemiga jurada, la cortesana Kitty Fisher, eran famosas por tener unos cutis más blancos que la leche. Esta tez se conseguía con generosas aplicaciones de un cosmético que contenía albayalde. Cuando las dos mujeres murieron, muchos comentaristas atribuyeron sus tempranos fallecimientos a un envenenamiento por plomo, que pudieron haber contraído a través del maquillaje que empleaban.

Por suerte, para cuando llegó la Regencia, las modas habían cambiado. En sintonía con el cambio hacia peinados más naturales y vestidos menos restrictivos, la cosmética también se convirtió en un medio para realzar las facciones naturales en lugar de cubrirlas con pintura. Al igual que en la vestimenta se habían inclinado por algo menos llamativo, el movimiento hacia una tez más natural era un reflejo de cómo se le daba la espalda a la ostentación en los años que siguieron a la Revolución francesa. A partir de entonces, estar de moda era cuestión de ser alguien respetable, y eso era sinónimo de un rostro pálido e inmaculado con un rubor sano y rosado. «Más es más» había pasado a ser la marca de lo vulgar, algo que la alta sociedad aborrecía.

El aseo cuenta con una eficacia poderosísima.
Este mantiene la flexibilidad de las extremidades; la suavidad de la piel; el lustre de la tez; el brillo de los ojos; la pureza de los dientes; y el vigor justo de la complexión.[4]

Quizá por ser conscientes de los estragos que se rumoreaba que provocaba el albayalde, que para entonces ya se sabía que «arruinaba la salud (ocasionando afecciones paralíticas y una muerte prematura)», las damas pasaban más tiempo que nunca cuidándose la piel en lugar de obstruyéndosela.[5] Las lociones tonificantes que contenían ámbar gris y vinagre prometían devolver el lustre a la tez y podían improvisarse fácilmente en casa con recetas sacadas del indispensable manual *Mirror of the Graces* (aunque algunas opciones más asequibles incluían lavanda y agua de rosas).

Esta obra, publicada en 1811, era una guía práctica para la dama de la Regencia. Ofrecía consejos sobre moda, cosmética y otros aspectos de la vida refinada de parte de una autora anónima, que aseguraba haberse relacionado con los estratos más altos de la sociedad tanto en Reino Unido como a lo largo y ancho del continente. El libro hacía hincapié en la idea de que la apariencia exterior de una mujer era el reflejo de su carácter y personalidad, por lo que incentivaba las virtudes de una piel suave, un cabello arreglado y una conversación delicada. En la persecución de la perfección, los miembros de la clase alta se echaban lociones faciales con nombres tan exagerados como Rocío del Olimpo, una alusión a la antigua Grecia, mientras que aquellos que se encontraban en un escalafón un poco inferior podían adquirir copias de los exclusivos líquidos cosméticos casi de la misma forma en la que hoy en día se venden imitaciones de los bolsos y los zapatos de lujo a montones y por todo el mundo. Obviamente, siempre había que estar atento a que entre los ingredientes no se incluyera el mercurio, porque nadie debería pagar la belleza al precio de la vida y la salud.

Para las damas más quisquillosas, o aquellas que no tenían tiendas que vendiesen los productos fabricados en masa, siempre existía la opción de elaborarlos ellas mismas o de que su doncella lo hiciese por ellas. Machacar fruta o pepino se convirtió en un pasatiempo diario para algunas, y en un trabajo para otras, que esperaban encontrar una solución más natural y asequible para aumentar el rubor en las mejillas y la suavidad de la piel.

Por supuesto, las normas de maquillaje que estamos a punto de aprender no eran universales para todas las mujeres, sino solo para las señoritas modernas que querían asegurarse de estar a la última. Para las damas de más edad, el hecho de que el camino a seguir fuese la naturalidad les era algo completamente desconocido, y este cambio de hábitos resultó un poco difícil de digerir para algunas mujeres, tal y como sucede hoy en día a algunas personas que siguen apegadas a la moda popular que les quedaba mejor cuando eran jóvenes. Esta es la razón por la que puede que en alguna rara ocasión el lector vea retratos de la época de la Regencia en los que se representan a mujeres maduras con la cara empolvada de un color blanco impoluto y el colorete colorado de un tiempo ya pasado.

> *Ningún ojo que cuente con una capacidad de comprensión común puede mirar un rostro embadurnado de pintura blanca, polvo de perlas o esmalte y engañarlo durante un instante para que crea que un «muro blanco» inanimado es piel humana.[6]*

Los cosméticos que usaban las mujeres de la Regencia eran sumamente escasos en comparación con lo que utilizaba la generación anterior y, si alguien veía una cara blanqueada durante el reinado del regente, sería la de una dama que se resistía al cambio con tanta fuerza como su homólogo masculino que seguía portando la peluca. Por el contrario, las mujeres comenzaron a usar los predecesores de las bases con color de hoy en día para igualar los rostros a la vez que conservaban un aspecto natural. Estas bases estaban fabricadas con pigmentos blancos machacados, tales como la harina de maíz o las perlas, y, pese a que casi todo el mundo supiese que el plomo resultaba tóxico, no había caído por completo en desuso. Asimismo, se podía adquirir un disco de papel que se humedecía ligeramente y se utilizaba como un maquillaje compacto; a estos pigmentos se le podían dar un toque de color añadiéndoles un agente colorante como el carmín.

Con el rostro y el cuello bien maquillados, aunque pálido de forma natural como esperaban las chicas, llegaba el momento de agregar algo de colorete. Pero no demasiado. Conscientes de que «una mujer con demasiado colorete resulta una de las imágenes más desagradables para la vista», un simple toque de polvos rojos en las mejillas aportaba el color requerido, al igual que un maquillaje compacto humedecido ¡o incluso una pomada hecha con cera derretida o grasas![7] Una vez más, el objetivo era mantenerlo natural, por lo que, si al final quedaba un poco más intenso de la cuenta, una podía empolvarse ligeramente con polvos de talco para eliminar el color hasta que estuviese más en sintonía con la moda.

Aunque ya no fuese necesario ser tan blanca como el alabastro, seguía siendo impropio tener la piel bronceada o alardear de las pecas que salen por tumbarse a disfrutar del sol, ya que las dos cosas se consideraban como algo perteneciente a las clases más bajas. Para protegerse la piel, las mujeres de la Regencia acudían a una pasta conocida como *fard*,* que estaba hecha de aceite de almendras y «esperma de ballena», una sustancia cerosa extraída de las cavidades del cráneo de los cetáceos que se usaba para fabricar distintos cosméticos. Estos dos ingredientes se derretían y se mezclaban, luego se añadía miel a la masa ya enfriada para crear el *fard*. Este se aplicaba de forma abundante en la piel para conseguir una tez suave y ayudar a evitar las quemaduras del sol.

Si llegabas tarde para salvarte del sol, podías aplicarte algo como la «pomada de Sevilla», una mezcla de zumo de limón y claras de huevo calentadas a fuego suave que producía una poción que, con suerte, eliminaría las quemaduras y el brillo de la tez. Si las pecas resultaban un problema recurrente, las damas se echaban pócimas, como el ungüento de Maintenon, que recibió su nombre por Madame de Maintenon, la esposa secreta del rey Luis XIV. Esta untura contenía ingredientes entre los que se encontraban el zumo de limón y el aceite de tártaro, y aseguraban que con ella la piel se despediría de dichas pecas de una vez por todas.

La antigüedad clásica no era la única fuente de inspiración para las damas de la alta sociedad. La egiptomanía

---

* Palabra de origen germánico proveniente del francés antiguo *farder*, que significa «utilizar cosméticos faciales». *(N. de la T.)*

estaba barriendo el continente y trayendo consigo nuevos estilos en la cosmética, tales como el lápiz de ojos y la máscara de pestañas, que se volvieron muy populares, aunque maquillarse los ojos en realidad estaba reservado para aquellas que querían ser un poco más vanguardistas. El corcho quemado conformaba un pigmento acre, pero efectivo, con el que se podía añadir un toque oscuro a las cejas y las pestañas. Aunque en un mundo en el que la apariencia natural significaba el culmen del estilo, el *cat eye* no estaba precisamente en consonancia con los gustos predominantes. En cambio, lo único con lo que podía esperar salirse con la suya una joven dama era un toque muy sutil de polvos en los párpados para hacer que le brillasen los ojos. Las cejas casi nunca se depilaban, aunque por supuesto que debía eliminarse el vello que afeaba hasta que dejase de resultar tan obvio. Pero, por encima de todo, debía estar la paleta de colores *nude* para que nadie pudiese, en absoluto, adivinar que se habían aplicado nada de maquillaje.

Pese a que es posible que nuestras señoritas no pudiesen exhibir sus ojos a través de la vía de la cosmética, la moda era menos estricta en lo que al color de labios se refería... y con razón. Los labiales de colores de la Regencia normalmente tenían una base de cera, se teñían con plantas similares a las onoquiles y se aplicaba más como el colorete que como una barra de labios. El carmín coloreado con onoquiles aportaba un tono natural, más sutil que el rojo intenso que ofrecía el bermellón, y generaba una tez más en consonancia con la moda de mantener la sencillez en todos los ámbitos.

Solo unos años antes, los lunares postizos, las pelucas empolvadas y la opulencia en todo habían sido un símbolo de dinero, rango y privilegio, pero bajo la sombra de la guillotina, de pronto menos era muchísimo más.

CAPÍTULO TRES

VIAJAR

«La imagen más excelsa de la metrópolis es la de las diligencias de Correos saliendo de Picadilly. Los caballos golpean el suelo con sus cascos, impacientes por salir, como si fuesen conscientes de la carga tan preciada que transportan».

William Hazlitt, *The Letter Bell*[1]

Para la alta sociedad, la vida consistía en ver y ser visto en los lugares correctos. Ya estuviesen en Londres, alias «la ciudad», en la mansión de campo o disfrutando de las aguas de Bath, su vida radicaba en ese sinfín de compromisos sociales, hacer visitas y asegurarse de que se encontraban en el lugar y momento adecuado (y más en boga). Aunque, por supuesto, sin autopistas ni líneas de tren para que nuestros creadores de tendencias viajasen a menudo, desplazarse requería de una planificación considerable e implicaba ciertos riegos que se debían tener en cuenta. Sin embargo, eran riesgos que había que correr: alguien debía dirigir las residencias de campo y, al fin y al cabo, la élite no podía quedarse en Londres toda la vida.

Exactamente igual que hoy en día, cada situación exigía un vehículo diferente y cada medio de transporte denotaba un escalafón en la pirámide social. Desde un joven y moderno caballero yendo a toda pastilla por la ciudad en su faetón, igual que cualquier chaval de hoy en día con un ostentoso deportivo, hasta los majestuosos carruajes que transportaban a la flor y nata de la sociedad a sus fincas en el campo, como si fuesen en un enorme 4x4 por la ciudad, los vehículos conformaban un símbolo de estatus que todo el mundo comprendía.

Aunque no todo era presumir de carruajes y caballos de lujo. Viajar ciertas distancias formaba parte de la vida de la clase alta, cuyas agendas estaban repletas de fiestas en casas, escapadas de fines de semana y compromisos sociales que no siempre se podían celebrar a un paso de Londres. En el extremo más rico del escalafón, la carroza de una familia podía asumir una travesía gracias al empleo de equipos de caballos y, así, evitaba las largas paradas para descansar. Para ello, los corceles más reposados se enviaban por adelantado para que los cambiasen en las casas de postas o en paradas predeterminadas a lo largo del camino. De hecho, los nobles que solían viajar desde sus fincas a Londres tenían varios conjuntos de caballos hospedados de manera permanente a lo largo de la ruta, ya que era un recorrido frecuente.

Por supuesto, la velocidad del viaje también dependía del número de caballos que tirasen del vehículo y del peso que estuviesen transportando. Incluso los dieciséis kilómetros por hora estaban fuera del alcance de la mayoría de los viajeros y, con una distancia de unos ochenta kilómetros al día, más o menos, por travesía, ya pueden imaginarse lo largas que estas podían hacerse. Aproximadamente, era necesario cambiar de caballos cada veinticuatro kilómetros, lo que significaba que la distancia que hoy en día tardaríamos noventa minutos en recorrer, por aquel entonces habría supuesto una empresa considerablemente más seria. Una excursión de Londres a Bath implicaba un fin de semana fuera de casa antes incluso de que el *spa* apareciera ante nuestros ojos.

VIAJAR DE ACÁ PARA ALLÁ

El carruaje representaba un gasto considerable, y las familias más ricas contaban con vehículos fabricados a medida para que cumpliesen exactamente con sus necesidades. Como esto no estaba al alcance de todo el mundo, algunas familias podían comprar modelos de segunda mano que las llevasen de viaje por una fracción del precio de uno hecho por encargo. No solo había que pensar en el coste del carruaje, sino también en el de los caballos que tirarían de él, y cuantos más equipos de corceles tuviese una familia, más tendrían que apoquinar por disfrutar del privilegio, claro que dicha inversión podía significar una apuesta al caballo ganador (este juego de palabras sí ha sido adrede).

En el que caso de que no se tuviese el dinero para mantener varios grupos de corceles, la única opción durante las travesías largas era hacer paradas cada vez que los animales de tiro necesitasen descansar. Por este motivo, las posadas que alquilaban carruajes se convirtieron en una absoluta necesidad. Las estaciones de servicio de esa época ofrecían descanso y un refrigerio para todo el mundo, desde los pasajeros a los lacayos, hasta para los propios corceles. También se podían alquilar caballos adicionales para que el carruaje avanzase más distancia, esperando así acortar la demora, pero todo eso costaba dinero y mucha gente sencillamente no lo tenía. Algunas publicaciones como *Paterson's British Itinerary* resultaban un manual de valor incalculable para los viajeros, ya que enumeraban los horarios de las diligencias compartidas, las casas de postas, las distancias entre los distintos lugares y otros puntos de interés, incluidos algunos puntos turísticos, los lugares históricos y enclaves que no podían perderse. A diferencia de las autopistas de hoy en día y la navegación por satélite, planear un viaje durante la Regencia no era en absoluto una tarea fácil.

Existía una variedad de proveedores que ofrecían transporte público para largas distancias, y uno de ellos era la empresa de servicio postal Royal Mail. Los carruajes del correo recorrían rutas específicas todos los días de la semana, excepto los domingos y las fiestas religiosas, para transportar las cartas por todo el país. La gente era libre de comprar un pasaje para esta diligencia, pero desde luego podía estar segura de que no viajaría con el correo preferente. Las breves paradas que se realizaban para cambiar de caballos ofrecían descansos bastante cortos; el tiempo que había para tomarse un respiro era lo que tardaban en llevarse a cabo estas delicadas operaciones de puesta a punto, pues una vez se intercambiaban los corceles, los carruajes volvían a salir a la velocidad del rayo. Los pasajeros que se atrevían a bajarse para estirar las piernas debían asegurarse de que volvían a sus asientos antes de que el coche volviera a ponerse en marcha o se quedarían en tierra. Era una experiencia agotadora. Una extenuante travesía en la diligencia del correo dejó a Samuel Taylor Coleridge tan «diligentemente febril, diligentemente trastornado y diligentemente aturdido» que tuvo que pasarse todo el día siguiente metido en la cama. Aquella no era una experiencia de primera clase.

Además de lo incómoda que resultaba, la velocidad del coche del correo significaba que no era una opción barata (aunque tenía algunos beneficios que hacían que se recomendase). Mientras que las diligencias convencionales podían ir tan sobrecargadas de gente y de bultos que estaban abarrotadas y resultaban peligrosas, por el riesgo de que volcasen, viajar en el coche del correo normalmente ofrecía una opción más espaciosa y un poco más cómoda para aquellos pasajeros que pudiesen permitirse pagar un poco más. Aunque si estos no eran muy puntuales, lo mejor sería que buscaran una alternativa. Pasase lo que pasase, el correo debía llegar y ¡seguro que más de un viajero distraído volvió

Una diligencia apostada en la puerta de una posada junto al camino. Si uno se lo podía permitir, pagar un poco más para viajar de este modo merecía claramente la pena, ya que las paradas para ir al baño durante la travesía estaban programadas. Pero para la mayoría, ahí se acababan las comodidades: los pasajeros más pobres se apretujaban en el techo del coche o incluso se veían obligados a compartir su espacio con el ganado.

tarde del descanso para ir al baño para ver desaparecer entre el traqueteo el coche con su equipaje en el horizonte!

Las diligencias convencionales conformaban una opción más barata para viajar. Al contrario que los coches del correo, estas diligencias cumplían la función de transportar a personas y cargamento en lugar de llevar cartas, por lo que, aunque los caminos tenían los mismos baches, las paradas para descansar eran más generosas. Cabían seis pasajeros amontonados en el estrecho interior con todo el equipaje que se pudiese apretujar con ellos, y ya podían considerarse afortunados si por lo menos tenían un asiento. No cabe duda de que tenían la esperanza que sus colegas de viaje cuidasen su higiene personal y no intentasen abrir las piernas más de lo que les permitía el limitado espacio.

Estos vehículos ofrecían un preciado e ínfimo espacio en su interior (que a veces se compartía con el ganado), por lo que los pasajeros agradecían las habituales paradas que realizaba la diligencia para descansar. Las posadas a lo largo del camino, que también alquilaban estos tipos de vehículos, daban a los viajeros la oportunidad de tomarse un respiro de las penurias de la travesía durante el rato que se tarda en estirar las piernas, tomar algo de picar y acudir al escusado. La comodidad, sin embargo, no estaba al alcance de aquellos que aprovechaban los viajes más económicos. Una vez la diligencia estaba completa, si los caballos podían tirar de la carga, existía la posibilidad de que salieran a la venta plazas en el techo del vehículo para los viajeros verdaderamente desesperados, que se enfrentaban a la travesía sin barandales, asientos ni nada más allá de su fuerza de voluntad para ayudarles a mantenerse a bordo. El número de personas que se amontonaban en la parte de arriba dependía de la cantidad de equipaje que se estuviese trasportando, pero, sin duda, esta era la opción más económica disponible (por no hablar de que también resultaba la más peligrosa). Aquellos a los que no les quedaba otra que aferrarse al techo, esperaban que les hiciese buen tiempo, porque lloviese, tronase o relampaguease, la diligencia rodaría mientras la carretera fuese transitable.

Por supuesto, la alta sociedad jamás se vio en la necesidad de viajar con el correo o en una diligencia convencional. En lugar de eso, ellos y sus familiares se trasladaban de un lugar a otro con estilo y, si lo requería la situación, también enviaban una avanzadilla con sus empleados para estar seguros de que todo estuviese perfecto a su llegada. Con los armarios a punto de explotar con todos los cambios de ropa que dictaba la moda en su interior, era imposible que un simple arcón de viaje estuviese a la altura de sus necesidades, por lo que los carruajes con el equipaje, que transportaban todo lo que se pudiese necesitar para una buena estancia, iban en la delantera. En el caso de las travesías que involucraban paradas en el camino para pasar la noche, otro coche con bagaje debía ir tras el de la familia para acarrear las bolsas de equipaje con todo lo que requería la clase alta para pasar la noche. Y tengan por seguro que no se trataba de una mochila ni de dos.

Las propias carreteras estaban muy muy lejos de las amplias extensiones uniformes que tan bien conocemos hoy en día, y en un tiempo en el que cada distrito era responsable del mantenimiento de sus propias carreteras y caminos menos frecuentados, cualquiera se podía encontrar viajando en vías en cualquier estado, desde unas públicas bien mantenidas hasta un sendero embarrado y lleno de baches. El pionero método «macadán», de John McAdam, para la construcción de carreteras todavía quedaba un poco lejos de la Regencia, y los municipios cortos de dinero nombraron a un fideicomiso para que cobrase peajes y así recaudaran dinero para mejorar las carreteras y los caminos. Estos consistían en un impuesto que se les cobraba a los dueños de los carruajes para que pudieran usar la vía; cuando se entregaba el dinero, se abría la valla (una barrera de peaje) para dejar que el vehículo pasase. Una vez recaudado el dinero, se pagaba el tramo específico de carretera sobre el que recaía el cobro del peaje y así consecutivamente a lo largo de toda la red de carreteras.

Mientras las carreteras de la etapa georgiana solían ser pésimas, el sistema de peajes hizo que los ingresos llegaran a raudales a las arcas de los distritos que se encargaban de los caminos más importantes. Este dinero se reinvertía en mejoras de manera continua, lo que atraía a más viajeros que pagaban un peaje para poder circular en aquellas carreteras tan bien mantenidas. A pesar de estas mejoras, sin embargo, recorrer largas distancias podía resultar una tortura por muchas razones, desde el mal tiempo o el mal estado de los caminos hasta el encuentro con maleantes.

Cuando pensamos en viajar durante el largo siglo XVIII, la temida figura de un asaltante de caminos siempre anda al acecho. Lo ha sido todo, desde un romántico héroe hasta un infame criminal, pero el sofisticado personaje de ficción, por lo general, no tenía nada de atractivo o emocionante en la vida real. En cambio, los atracos por la carretera constituían una realidad en la época georgiana y, aunque los riesgos se habían reducido de una forma significante cuando comenzó la Regencia, las largas travesías en carruaje seguían siendo un peligro, sobre todo si se realizaban a través de rutas populares donde la probabilidad de mucho tráfico (y más víctimas) era alta. Los coches del correo siempre llevaban seguridad a bordo, es decir, un guardia armado apostado en la parte trasera del vehículo, listo para intervenir en caso de que sucediese lo peor.

La posibilidad de robo encarnaba una de las razones por las que una dama jamás de los jamases viajaba sola. Podía ir acompañada de una familiar femenina durante las travesías cortas en aras de la decencia, pero si un viaje podía implicar un riesgo de ser atacada, solo se llevaría a cabo con una carabina y un hombre que resolviese el problema en el caso de que el carruaje se topase con uno.

A PIE Y A CABALLO

«Si no hubiese sido por el polvo, podría haberse dicho que ayer fue el día más agradable de la temporada. El parque estaba abarrotado hasta un punto que podía considerarse incluso excesivo. El paseo por el sendero paralelo a Rotten Row presentaba miles de féminas bien vestidas con sus pretendientes… Toda la moda y la belleza de la metrópolis se había reunido alrededor de las cuatro; a las cinco, los jardines de Kensington estaban a rebosar. Los atuendos de verano de nuestras preciosidades exhibían todas las variedades posibles de colores y formas de esta caprichosa diosa, la moda».

'The Parke', *Morning Post*[2]

Obviamente, había otras formas de viajar en el mundo de la Regencia, aunque el trayecto pasaba a un segundo plano si lo importante, en realidad, era ser visto, y no todas las salidas requerían de un vehículo. Dar un paseo era una

Cabalgar de lado era mucho más complicado que sentarse a horcajadas, pero era la forma más elegante en la que se podía esperar que una mujer perteneciente a la alta sociedad montase a caballo. Esto representaba una ocasión más de ser vista en el lugar y momento perfectos, e ir a dar un paseo por Hyde Park subida a tu corcel te ofrecía la oportunidad de ponerte la ropa de equitación, de inspiración militar, y unirte a los círculos de cotilleos de la clase alta.

oportunidad de valor incalculable para colocarse la equipación de andar e ir a dar una vuelta entre la alta sociedad.

No existía la necesidad de caminar para llegar a ningún sitio (¿por qué si no iba una distinguida familia a utilizar carruajes?), ya que, como muchas otras cosas durante la Regencia, se hacía simplemente para observar a la sociedad. Es imposible que a los seguidores de *Los Bridgerton* se les haya pasado por alto la importancia que sus héroes y heroínas le daban a pasear. Aunque dar una vuelta por la ciudad o los pintorescos parques podía ser un pasatiempo en sí mismo, también conformaba una oportunidad para ver y ser visto por los potenciales pretendientes de una, además de por los creadores de tendencias de la alta sociedad. Que Daphne y el duque de Hastings pasearan juntos en público era una declaración que ni podía ni iba a pasar inadvertida. Tal y como habían planeado, a todo el mundo le dio la impresión de que la joven debía considerarse un buen partido, ya que un duque había mostrado interés en ella. Por otro lado, sugería a las ambiciosas madres y a las debutantes que querían escalar posiciones que el duque de Hastings ya no estaba disponible.

Aunque un paseo también podía salir por la culata. Después de que los planes de matrimonio de Edwina y Anthony se desmoronaran de un modo tan desastroso, estos se convirtieron en la comidilla de la ciudad, y cuando las familias de ambos salieron a dar un paseo en un esfuerzo por mostrar buena cara, se encontraron con que eran unos parias entre la clase alta.

Asimismo, cabalgar por el Rotten Row de Hyde Park representaba una ocasión de causar buena impresión que nadie podía perderse, ya fuera un caballero ataviado con los calzones de ante que mejor le sentasen o una dama con el último grito en vestidos confeccionados para la monta, inspirados en las chaquetas militares de los hombres que habían derrotado a Napoleón. Mientras que los corceles eran meros medios de transporte para algunos, para otros cabalgar significaba una posición social y la oportunidad de deslumbrar y alardear de verdad. Para los fans de *Los Bridgerton,* esta actividad también les ha regalado algunos de los momentos más emocionantes de la serie. Los admiradores recordarán que Kate y Anthony se conocieron a caballo y más tarde se arriesgaron al escándalo cuando se escabulleron durante una cacería para una ardiente lección de puntería.

Subirse a la montura tenía mucho más de pasatiempo que de necesidad. Al igual que muchas otras cosas pertenecientes al mundo de la clase alta, esto estaba estrictamente relacionado con la riqueza y la moda, además de brindar una ocasión de parecer un caballero tan varonil como era de esperar y de aparentar ser una dama tan dotada como se consideraba apropiado, conservando siempre el porte elegante sobre la silla o al conducir una pintoresca calesa. Los carruajes necesitaban caballos que tirasen de ellos, pero los corceles de tiro no siempre representaban la mejor opción para cabalgar, y está claro que montar el caballo correcto era igual de importante que ponerse las botas adecuadas o bailar en el lugar idóneo. En el universo de la alta sociedad, todo tenía que ver con causar buena impresión, y eso también incluía a los corceles que las familias tuviesen guardados en su establo.

Era imposible que se viese a las familias afortunadas que contaban con un carruaje «y» caballos de montar dejándole

«Hyde Park un domingo». Los parques de Londres ofrecían las extensiones perfectas para dar paseos y montar a caballo, además de una ocasión más para alardear de la riqueza de una familia y de los compromisos románticos concertados con el resto de la clase alta.

sitio en el potrero a ningún rocín viejo. Aunque se podían alquilar corceles, esto quedaba lejos de la ostentación de los ricos, que valoraban un establo lleno de buenos corceles exactamente igual que, hoy en día, algunos codician un garaje lleno de coches caros. Desde los ponis aparejados que tiraban de la calesa de una señora cuando salía a tomar el aire, hasta los excelentes caballos de cacería y los trotones disponibles para cabalgar por las fincas de los pudientes, la variedad de monturas desconcertaba a aquellos que no estuviesen al tanto de su caballada. Pero, por supuesto, la sociedad del «buen gusto» se la conocía al dedillo.

En cuanto los establos estaban provistos con lo mejor del mercado, llegaba el momento de subirse a la silla (la forma de cabalgar dependía del sexo de cada uno). Los hombres montaban a horcajadas, mientras que de las señoritas se esperaba que dominaran la monta a la amazona, la única forma de desplazarse en aras de la decencia. Montar de lado de forma competente implicaba bastante más destreza que hacerlo a horcajadas, pero como las jóvenes damas comenzaban a entrenar esta habilidad desde la infancia, para cuando se mostraban en público, supuestamente, esto se había convertido en algo natural para ellas. Grácil y con porte sobre la montura, una joven dama debía asegurarse de que cualquier pretendiente en potencia consiguiese una buena imagen de ella mientras salía a cabalgar bajo el sol.

Cada mediodía, los adinerados acudían a Rotten Row en Hyde Park para montar a sus mejores caballos, mientras que los carruajes transitaban por South Carriage Drive; estas reuniones diarias ofrecían a los espectadores una ocasión de vislumbrar a los ricos y famosos en acción.

En el universo de la alta sociedad, cuando se trataba de captar las miradas, había que sacar toda la artillería pesada, ya fuese en las pistas de baile, montando a lo amazonas o cualquier hecho que pudiese darse entre estas dos.

CAPÍTULO CUATRO

LOS EVENTOS SOCIALES

«La gente continúa alegre tanto en el campo como en la ciudad pese al calor, las carreras y la temporada deportiva que se aproxima. Los salones de la nobleza… siguen prolongando su rica hospitalidad para congregar a los líderes de la alta sociedad: pero caracterizar cada una de las espléndidas fiestas, bailes, festejos, etc., resulta bastante imposible dentro del marco de las páginas que nos ocupan; basta decir que el gusto y el arte se agotaron para proporcionar abundancia».

'Parties, Balls, Routs, &c., &c.', en *The World of Fashion and Continental Feuilletons*[1]

Los seguidores de *Los Bridgerton* ya deben de estar familiarizados con la temporada y con el glamuroso, y a veces despiadado, mundo del Londres de moda, sobre el que reinaban los miembros de la alta sociedad. Una vez al año, entre enero y junio, mientras el Parlamento se encontraba reunido, los miembros más ricos y famosos de las clases altas (y aquellos que esperaban unirse a ellas) abandonaban sus lujosas fincas campestres y se trasladaban a sus casas, igual de opulentas, en la capital. Una vez allí, estos protagonizaban una representación de sus vidas a ojos de todo el mundo con la intención de provocar envidia; conseguir una invitación para el evento adecuado o la residencia más impresionante podía resultar un símbolo de distinción social de valor incalculable: una verdadera muestra de que lo habías conseguido. Se prodigaban vastas

Grabado del artista y caricaturista de la Regencia, Thomas Rowlandson. En él, un soldado hace una reverencia a una joven mientras el entorno social de la chica le observa y, al fondo, otros juegan a las cartas para pasar la noche.

sumas de dinero en todo lo que fuesen vestidos, comida y entretenimiento, y todo esto con un solo objetivo: ser visto en la cumbre más absoluta de la alta sociedad.

LA TEMPORADA

La temporada tenía diferentes propósitos, pero dos destacaban por encima de los demás. Para empezar, ofrecía algo que hacer a las clases más altas mientras el Parlamento se encontraba reunido. Esta proporcionaba justo la distracción que necesitaban los miembros tanto de la Cámara de los Comunes como la de los Lores mientras se encontraban en la ciudad, ya que estos caballeros no solo buscaban ejercer sus influencias para conseguir beneficios, sino también quitarse a sus familias de encima. Y, por supuesto, era la oportunidad por excelencia de establecer contactos, ya fuesen para los negocios, la política o incluso el amor. Esto enlaza a la perfección con su segunda función, quizá por la que es más conocida: la temporada se volvió vital en la construcción dinástica de la élite, puesto que ofrecía a los miembros solteros de las clases más altas (y a sus ambiciosos padres) una ocasión idónea para perseguir a los mejores partidos. Era una posibilidad de crear algunas conexiones duraderas y, con suerte, pescar a un futuro cónyuge.

A lo largo de esta, las familias se turnaban para albergar eventos en sus residencias y asistir a aquellos en los que los anfitriones eran otros. Mientras que algunos se alojarían en espacios públicos, como las salas de celebraciones, otros se llevarían a cabo en las impresionantes casas de lujo pertenecientes a los ricos e influyentes. Las residencias en las que la alta sociedad recibía visitas eran elegantes, estaban espléndidamente amuebladas y las dirigían un equipo perfectamente entrenado de sirvientes supervisados por la señora de la casa. Los *petit hôtel* de la clase alta acostumbraban a asentarse en un sótano por debajo del nivel de la calle sobre el cual se erguían tres o cuatro plantas en las que vivían la familia y su servicio. Aunque la sala de estar y el comedor solían encontrarse en la planta baja, se permitía que las visitas a las que se guardaba más aprecio recorriesen el salón del primer piso, que por lo general era la habitación más sofisticada de toda la casa. Este era el lugar en el que los propietarios podían alardear de verdad, al menos en el modo desprovisto de ostentación que tan importante era para los creadores de tendencias de la Regencia. Que alguien fuese visto presumiendo de sus privilegios de cualquier forma que no fuese la más discreta y casual estaba muy mal visto… A no ser que esa persona fuese el príncipe regente.

Relacionarse durante la Regencia no era cosa de broma y podía llevarle a uno todo un día. Mientras que los miembros de la realeza tradicionalmente cenaban en público para que sus súbditos pudiesen verlos durante un segundo, algo así desde luego no formaba parte de lo común entre los miembros de la clase alta. Por norma general, estos pasaban las mañanas en privado: los hombres atendían a sus negocios y las mujeres a su correspondencia y, una vez cumplían con esas obligaciones, llegaba el momento de las visitas de la mañana.

Armados con sus tarjetas de visita, por si la persona a la que esperaban ver no se encontraba en casa, los ciudadanos de moda salían a comenzar su ronda de citas. Estas interacciones tan tempranas ofrecían una oportunidad de ponerse al día con las noticias que podían haberse perdido o de compartir el último cotilleo. Estos actos sociales podían ser formales o casuales, dependiendo de quién los protagonizara, y se consideraban una parte vital de la rutina matutina. Tomados los ligeros refrigerios, estas visitas conformaban las primeras salidas de un día a rebosar de momentos para ser visto.

Una dama podía pasar el mediodía echando un vistazo a las tiendas de moda, dando un paseo o cabalgando mientras los caballeros atendían sus negocios o se reunían en el Parlamento. Todo esto, claro está, era una versión previa de la noche, que era cuando las cosas verdaderamente prometían cobrar vida. El mundo de *Los Bridgerton* gira alrededor de los bailes y las reuniones sociales, pero por supuesto que la vida real de la Regencia era un poco diferente. Desde los bailes a las reuniones de moda, pasando por las cenas de lujo llenas de aventuras amorosas, siempre pasaba algo que mantenía entretenida a la alta sociedad.

ÚNETE AL CLUB

«[Los] requisitos para ser un hombre de Estado eran pocos y, de hecho, insignificantes; esta profesión no necesitaba de formación, estudios ni práctica; bastaba con pertenecer a Brook's o White's y dar buenos discursos en el Parlamento».

The political examiner, en el periódico *The Examiner*[2]

En un mundo en el que crear una buena impresión conformaba una parte del juego, ser visto en el lugar adecuado lo significaba todo. Para los caballeros, la postura política de cada uno dictaba a qué club pertenecían; si tendrían la oportunidad de arrasar en las mesas de juego de Brook's, en la calle Pall Mall, o en las del White's, en la calle St. James. Era posible asistir a los dos, pero muy pocos hombres tenían los contactos para llevar a cabo una empresa de ese calibre. White's es el club más antiguo de Londres y hoy en día sigue abierto a los miembros masculinos de la sociedad. Se inauguró en 1693 y no tardó en convertirse en la dirección más exclusiva de la ciudad, hasta que al final se estableció como el cuartel general del Gobierno de los Tories durante la época georgiana.

Era fácil vislumbrar a menudo a Beau Brummell siendo el centro de atención en White's, donde tenía su propia mesa

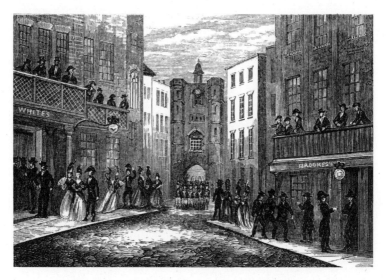

Los clubes Brook's y White's, rivales, proporcionaban un punto de encuentro para los cuchicheos políticos (y, lo que era más importante, ofrecían a los hombres de la alta sociedad un espacio exclusivo para beber y jugar lejos de las miradas entrometidas de las mujeres).

delante de un elegante ventanal, en la que entretenía a sus amigos, entre los que se encontraba el príncipe regente, que ganaba peso día tras día. Conseguir ser socio del White's era una tarea bastante complicada para cualquiera que no perteneciese a la aristocracia. Antes de que cualquier hombre pudiese ser admitido, los miembros ya existentes votaban introduciendo una bola blanca o una negra en una bolsa. La blanca significaba un voto a favor, mientras que la negra quería decir que se estaba en contra; bastaba con una sola bola negra para acabar con las posibilidades de un ambicioso aspirante a socio.

En 1762, un caballero que recibió dos bolas negras, y a quien le habían denegado la posibilidad de convertirse en miembro de White's, fundó su propio punto de encuentro y puso los cimientos de un club rival que un día se convertiría en Brook's. Este club competidor abrió sus puertas en 1764 con el apoyo de más de una docena de ilustres nobles del partido político liberal de la época, que se reunían en un edificio propiedad de William Almack. Unos años más tarde, el club se trasladó a un edificio construido específicamente para ello, lo que fue posible gracias a la financiación de William Brooks, el prestamista que lo presidió y en cuyo honor le pusieron ese nombre.

Igual que White's se había convertido en el cuartel general de los Tories, Brook's no tardó en establecerse como el centro de reunión no oficial de la oposición liberal. Las fortunas se ganaban y se perdían allí en un abrir y cerrar de ojos, y los hombres hacían las apuestas más estrafalarias que ellos mismos o cualquier otra persona pudieran imaginar.

Brook's y White's compartían sus miembros con otros clubes más pequeños, como el Watier's, que se abrió para exhibir las habilidades del chef personal del príncipe regente, Jean-Baptiste Watier. Watier complació el inmenso apetito de su jefe y de los elitistas socios del lugar, mientras que en las mesas de juego «del club Watier's, tanto los príncipes como los nobles perdían o ganaban fortunas entre ellos».[3] Toda asociación, ya fuese grande o pequeña, existía con el fin de saciar el hambre voraz de juego entre los habitantes de la Regencia. Todo el mundo participaba, desde aquellos empedernidos que apostaban sobre qué gota podía tocar primero la base de una ventana, hasta las educadas esposas

Como resultado de que sus miembros fundadores
«recibieran» bolas negras ante el intento de unirse a
White's, Brook's se convirtió en el hogar del Partido Liberal,
que se encontraba en la oposición (y donde se hacían
y perdían riquezas en sus infames mesas de juego).

de clase media en las fiestas en las que se jugaban a las cartas, y mucho más. Lo único que hacía falta era jugar de una
forma controlada y no permitir que las deudas se le fueran
a uno de las manos. Muchos fallaron en el cumplimiento
de esa regla.

Mientras que los clubes brindaban un entorno solo para
hombres, para que estos pudiesen aflojarse los plastrones,
también acogían eventos exclusivos que estaban abiertos a
ambos sexos. Se daban bailes para celebrar ocasiones destacadas, aunque solo los más ricos podían esperar asistir, y
estos se encontraban entre los momentos más notables de
la temporada.

TRIUNFAR EN ALMACK'S

En una ciudad plagada de lugares impresionantes y exclusivos, uno de ellos se erguía sobre los demás. Las salas de celebraciones Almack's en King Street representaban el pase de oro para la alta sociedad. Estas surgieron del mismo caos de clubes que engendró a Brook's y no tardaron en ascender hasta lo más alto. Para los seguidores de *Los Bridgerton,* recibir uno de los codiciados cupones de Almack's habría sido como reservar una plaza en el cielo.

El establecimiento comenzó su vida como un café en Curzon Street, propiedad de William Almack, muchos años antes de la Regencia. Aquel sitio no contaba con nada particularmente destacable, pero gozó de ser un negocio estable desde su apertura en 1754 hasta 1762, momento en el que se conformó una sociedad que más tarde se convertiría en el primer club privado que se acabaría asociando con Almack. Esta sociedad creció y los clubes brotaron de ella igual que las hojas de un árbol, aumentando la riqueza, el prestigio y la importancia con cada nueva adquisición.

El señor Almack, dueño del café, amasó una fortuna y demostró tener buen ojo para saber qué era lo que querían los ciudadanos de moda de la época georgiana. Abrió las salas de celebraciones Almack's en 1765 para ofrecer un

Una noche en Almack's. Un cupón para las salas de celebraciones significaba un pase de oro, ya que prometía poder relacionarse con la flor y nata de la sociedad más a la moda, en una pista de baile épica. La comida, en cambio, dejaba que desear.

lugar en el que los hombres y las mujeres podían pagar una suscripción y entablar relaciones de la forma más exclusiva que se pudiese imaginar. Para cuando llegó la Regencia, Almack's se había convertido en la dirección más en boga de Londres y, aunque el propio William Almack no vivió para verlo, su nombre ha quedado unido para siempre al culmen del glamur del estilo de *Los Bridgerton*.

Tal y como les sucedía a los caballeros que esperaban poder unirse a un club exclusivo —que debían ser propuestos, que alguien respondiese por ellos y, entonces, pasar por una votación—, los posibles miembros de Almack's también debían enfrentarse a una selección temible. El comité que decidía los socios de este club estaba conformado por un jurado variable de *ladies* patronas, y el primer objetivo de cualquier madre ambiciosa de clase alta era ver a su hija entre las seleccionadas para recibir un cupón que le garantizase ser admitida en el famoso establecimiento. Las patronas más influyentes durante el reinado del príncipe regente fueron Amelia Stewart, vizcondesa de Castlereagh; Sarah Villiers, condesa de Jersey; Emily Clavering-Cowper, condesa de Cowper; Maria Molyneux, condesa de Sefton; la honorable Sarah Clementina Drummond-Burrell; Dorothea Lieven, condesa de Lieven, y Maria Theresia, condesa de Esterházy. Cada año les llegaban cientos de peticiones de cupones que estas examinaban a conciencia, haciendo realidad los sueños o destrozándolos con solo una palabra.

> *Su mano podía abrirte o cerrarte las puertas que conducen a una vida de moda mediante el simple hecho de entregarte o negarte una entrada a Almack's (la familia más aristócrata y arrogante del país se postra de buen grado y, por decirlo con una frase expresiva, aunque sencilla, casquete en mano suplican «una suscripción» a esta «camarilla en coalición»).*[4]

Aunque cabría esperar que la riqueza fuese un medio infalible para conseguir la admisión, no tenía por qué darse ese caso. De hecho, que se te considerara un nuevo rico representaba una de las peores ofensas que se podían proferir a ojos de la alta sociedad, por lo que la educación sig-

Los rumores y los cotilleos abundaban entre la alta sociedad, y no se libraban ni los más ricos y reputados (entre los que se encontraba el duque de Wellington). Las malas lenguas decían que las patronas de Almack's le prohibieron la entrada a quien derrotó a Napoleón porque una o dos medallas no eran excusa para ser tan impuntual.

nificaba mucho más que el saldo bancario. Desde luego que contar con un título noble era un rasgo deseable para aquellos aspirantes a bailarines en Almack's, pero encajar en los estándares del comportamiento idóneo resultaba igual de valioso (aunque lo más importante de todo era que ninguna patrona tuviese ninguna razón para sentir antipatía por un candidato). Al fin y al cabo, incluso a la infame lady Caroline Lamb la echaron de allí a patadas después de que satirizara a lady Jersey en su novela *Glenarvon*.

Cada lady patrona de Almack's contaba con su propio método para lidiar con la avalancha de peticiones de afiliaciones, desde la dulzura de la amable lady Sefton hasta el descaro de lady Jersey, apodada «Silencio» por su grosería incontenible, de la que no se escapaba nadie. A veces podían aceptar la petición de cupón de una mujer casada, pero rechazar la de su marido, lo que levantaba algunas ampollas en el hogar, y hasta las personas con más renombre de Gran Bretaña eran objeto de su escrutinio. Cuando el duque de Wellington llegó a Almack's con unos pantalones que no cumplían con el código de vestimenta, en el que se especificaba que los hombres debían asistir engalanados con calzones oscuros hasta la rodilla, calcetines de seda, chaqueta oscura y plastrón blanco, se le denegó educadamente la entrada debido a su indumentaria. O eso cuenta el rumor. Otra versión de la historia afirma que lady Jersey rechazó a Wellington porque se presentó en Almack's siete minutos después de que las puertas se hubiesen cerrado a todo el que no hubiese llegado ya. Fuese cual fuese la verdad, si podían denegarle la entrada al duque de hierro, nadie estaba a salvo.

Cada miércoles por la noche, el club de moda albergaba un gran baile, que no nos sorprendería que el lector se lo hubiera imaginado como el culmen de la opulencia en todas sus acepciones. Pese a que en muchos sentidos era así, es posible que algunos elementos dejen a uno boquiabierto. Una pequeña orquesta marcaba el baile, que se daba en una pista que medía 30 x 12 m, mientras que los bailarines se deslizaban entre las columnas clásicas a la luz de las velas, que titilaban desde los adornados candelabros de vidrio tallado de la pared. La luz se reflejaba en unos enormes espejos, a través de los cuales las *ladies* patronas, que se sentaban en un estrado para agradecer, con amabilidad, cada llegada, podían observar cada rincón de la pista de baile. Hasta aquí todo era glamur, pero si el entorno le resulta extravagante a uno, el refrigerio no se lo parecería tanto.

A los asistentes de Almack's se les ofrecía elegir entre una limonada suave, horchata de almendras (una bebida dulce) o ratafía (una infusión de agua con una mezcla de especias o frutas). Por otro lado, la comida se limitaba a tarta seca y rebanadas muy finas de pan del día anterior con mantequilla. Allí no se servía alcohol, por lo que las mujeres se encontraban sobrias, pero muchos hombres se presentaban cuando ya no les quedaba duda de que se habían hidratado en condiciones. La única norma era que debían asegurarse de aparecer antes de las once de la noche, hora a la que se cerraban las puertas y no se admitían más asistentes al baile, que se alargaría hasta las primeras horas de la mañana siguiente.

La compra de entradas solo estaba disponible para aquellos que habían solicitado con éxito uno de los codiciados cupones de Almack's, que costaban 10 guineas al año, lo que se traduciría en unas 400 £ de hoy en día. Aquellos que poseyeran uno podían comprar una entrada para ellos al precio de 10 chelines, aproximadamente 20 £ actuales, y proponer a un acompañante, a quien, o bien le concedían el permiso de asistir con una «entrada para desconocidos», o bien recibían la temida bola negra en señal de rechazo.

Entrar en Almack's prácticamente te abría cualquier otra puerta como por arte de magia, pero era inevitable que algún aspirante a candidato acabase decepcionado entre los cientos de solicitudes para cada cupón. La negativa podía resultar temporal o permanente, pero los solicitantes jamás sabían si tenía algún tipo de sentido volver a postularse la próxima temporada. Tampoco tenían ni idea de la razón por la que no habían sido admitidos, ya que solo conocían la decisión a través de un panfleto impreso que el aspirante debía pedir que le enviasen. Para los rechazados existían otros bailes más pequeños con los que conformarse mientras consideraban el hecho de que, si bien no habían llegado a lo más alto aquella temporada, tampoco se habían visto completamente apartados. Al fin y al cabo, siempre les quedaba el año siguiente si las *ladies* patronas lo decretaban así.

Pese a que no recibir un cupón para el club de moda resultaba decepcionante, tener uno y perderlo era una catástrofe. Todos los lunes de la temporada por la noche, las *ladies* patronas se reunían para revisar la lista de propietarios de cupones y tachar a aquellos que consideraban que ya no merecían tal honor. Esto era mucho peor que el hecho de que te rechazaran desde un primer momento, ya que para la alta sociedad era equiparable a que te cortasen la cabeza.

Obviamente, Almack's no era el único lugar al que se podía ir a bailar. Organizar los bailes privados que daban las grandes familias podía costar una fortuna, pues no solo ofrecían danza, sino también un impresionante festín que distaba mucho del exiguo ágape ya mencionado de las salas de celebraciones. De hecho, los refrigerios de las fiestas privadas brindaban una nueva oportunidad para crear lazos y alardear, al igual que las excelentes cenas de los domingos presentaban una ocasión para que la gente de mucho fuste intentase persuadir a sus comensales para que se inclinasen por un bando político u otro, además de para socializar.

Si se buscaba un tipo de entretenimiento más frívolo, a algunos miembros de las clases más altas les agradaba montar sus propias funciones teatrales en casa, y los lectores de *Mansfield Park* pueden dar fe de ello. Las reuniones musicales como las que disfrutaban el rey y la reina durante los primeros años de su matrimonio eran otra forma bastante popular de entretener a los amigos más íntimos. Porque, si alguien quería causar verdadera sensación, ¿por qué no contratar a los músicos de mayor renombre del mundo del espectáculo para que amenizasen a tus invitados en una velada exclusiva? Desde luego supera a las charadas.

UNA VUELTA POR LOS JARDINES DE RECREO

«El otro día le digo a Doll que últimamente no nos hemos divertido demasiado, así que supongamos que cogemos el carruaje y subimos a Londres. Pues sí, me parece bien, me contesta Doll, te acompañaré si es lo que te apetece, e iremos a ver todos los espectáculos de Vauxhall por el módico precio de un chelín».

«Vauxhall por un chelín»[5]

Cuando a alguien se le antojaba algo un poco menos exclusivo que Almack's, pero un poco más ostentoso que pasar la noche en casa, los jardines de Vauxhall representaban una solución ideal.

Aproximadamente a un kilómetro y medio del centro de la ciudad, estos jardines de recreo conformaban uno de los lugares de interés más espectaculares de Inglaterra y, por tres chelines, los visitantes podían disfrutar de sus maravillas durante la noche. El parque se conformaba de una serie

Una noche en Vauxhall representaba la oportunidad
perfecta para dar un paseo con un pretendiente a la
vez que contemplabas el precioso paisaje, que tenía
un aspecto casi mágico, con las más de 20 000 velas,
los resplandecientes sistemas hidráulicos mecanizados
y una exhibición de fuegos artificiales épica.

de avenidas bordeadas por árboles e iluminadas con más de
20 000 velas que daban la entrada a un mundo mágico en
el que todo estaba decorado y engalanado a la perfección.
Los elegantes ciudadanos que lo visitaban paseaban por sus
caminos encantados antes de tomar sus asientos en un recién construido templo griego, donde disfrutaban de un
concierto de orquesta o tomaban una cena ligera dentro
de la imponente rotonda rodeada de obras de arte de los
pintores más célebres del momento. Vauxhall era particu-

larmente famoso por sus resplandecientes sistemas hidráulicos mecanizados, en los que unas elaboradas instalaciones mostraban con orgullo un molino de agua o fuentes, manifestando con ellas la grandeza de la modernidad durante la Regencia. Una vez la clase alta se había entretenido hasta la saciedad, una exhibición de fuegos artificiales ponía el broche final a la velada y enviaba a los visitantes a descansar a sus *petits hôtels* antes de que comenzara otra ronda de visitas y aventuras amorosas.

Durante la Regencia no faltaban los divertimentos, tanto si los ofrecía el afamado circo del Anfiteatro de Astley o la colección de animales exóticos de la Torre de Londres. Por supuesto que acudir al teatro era una actividad popular entre todas las clases sociales y, como el regente sentía algo así como una inclinación por las actrices, solían verlo en el Opera House o sentados en uno de los palcos reales. Nadie podía tachar el teatro londinense de su lista sin haber visto al gran shakespeariano Edmund Kean mostrar sus emociones en el escenario como nunca nadie lo había hecho hasta entonces ni sin escuchar a Angelica Catalani cantar un aria.

El regente, sin embargo, no siempre asistía al teatro a disfrutar de lo que estuviese en escena. A veces, iba para alardear de su última amante noble o para elegir a otra dama destacada, una más que sumar a sus conquistas. De hecho, en una ocasión, durante una obra, su madre llegó a pedir que echaran del palco de enfrente a una de las queridas actrices de su hijo, pero la amante se negó a marcharse. Sin embargo, como la mayoría de las conquistas del rey pronto descubría, su reinado iba a ser corto. En cuanto el encanto que rodeaba a la actriz sin pelos en la lengua se fue diluyendo, él pasó a su siguiente capricho y no hubo sitio en el palco de Prinny para la mujer que se había atrevido a decirle que no a la reina Carlota. Vivir como la amante del rey era una vida llena de glamur y emoción, pero este compromiso solo era temporal.

LA *FÊTE* DE LA MANSIÓN CARLTON HOUSE

La única manera de poner el broche final a nuestro paseo por la vida social de la Regencia es con el evento que podría decirse que dio comienzo a esta etapa: la *fête* de la mansión Carlton House. No se podía dejar pasar la oportunidad de organizar una fiesta masiva y, cuando el príncipe de Gales fue nombrado regente, decidió celebrar la ocasión por todo lo alto. Solo había un problema: Prinny había ascendido al poder por el catastrófico declive mental de su padre. Si lo celebraba en ese momento, mientras el rey pasaba por una crisis, parecería el colmo del mal gusto. Así que necesitaba un plan; por suerte, era un urdidor nato.

Unos años antes, la reina Carlota había celebrado el cumpleaños de su marido con unos elaborados divertimen-

Aunque finalmente fue derribada en 1826, la mansión Carlton House, propiedad del príncipe regente, acogió durante un tiempo las fiestas más lujosas y exclusivas de la Regencia. Por lo visto, la más famosa de todas se dio en nombre del rey Jorge III, aunque en realidad esta solo otorgó una excusa al regente para autorregalarse una cubertería de plata dorada de cuatro mil piezas.

tos en los jardines de su residencia en el palacio de Buckingham. Hubo juegos de sombras, las zonas verdes se ornamentaron y se contó con todo lo que se pudiese deleitar al oído y a la vista, pero tanto ella como el enfermo monarca dejaron de soportar estos entretenimientos con el paso de las décadas. Para entonces, el cumpleaños del monarca, en junio, era señalado por celebrarse en un salón anticuado, aunque ese no era el estilo del príncipe regente.

Para esta ocasión, el príncipe concibió una gran fiesta en su lujosa residencia de Carlton House, no en *su* honor, sino para el cumpleaños de su ilustre padre. Las invitaciones se convirtieron en la entrada más codiciada del país, y lady Hertford, la amante del regente de aquel momento, fue la encargada de realizar la lista de invitados. Cuando la esposa anónima de un lord, solo conocida como «lady W.», no recibió invitación, el malicioso cronista Joseph Farington especuló con que quizá se habrían quedado sin invitaciones impresas para cuando llegaron a la «W». «Eso es imposible —replicó ella—, porque la mitad de las Z[orras] de la ciudad la han recibido». Los invitados de honor fueron los miembros de la familia real francesa exiliada, pero la falta más notable entre los asistentes del evento fue la de la reina Carlota. La monarca se negó a participar en el evento para demostrar apoyo a su marido y la desaprobación que sentía hacia sus hijos. A nadie le sorprendió que también dejase fuera a sus hijas adultas.

La historia de las diversiones no presenta ningún tipo de espectáculo como el que estamos a punto de describirle: se trataba de una obra maestra que ninguna época o país ha igualado jamás, a nuestro juicio, en cuanto a esplendor y variedad.[6]

A la fiesta del 19 de junio de 1811 finalmente fueron invitadas alrededor de dos mil personas de renombre pertenecientes a la alta sociedad, aunque daba la impresión de que hubiesen convocado a todos los comerciantes, artesanos y empresas de moda de Londres para que participasen de esta. Además de las excelentes diversiones y el mejor festín de todos, el exagerado entorno de Carlton House estaba a punto de transformarse en un templo del placer y los excesos. Se levantarían pabellones e inmensas instalaciones florales, relucientes atracciones secundarias y pequeñas delicias para quienes les apeteciese pasear por los jardines. También se irguieron carpas con comida y un quiosco de música para acoger a la orquesta, además de que se selló todo el perímetro de la mansión para evitar que accediesen intrusos. Incluso las cuerdas que mantenían erguidas las tiendas estaban bañadas en oro; por otro lado, unos preciosos faroles escondidos entre los árboles hicieron de los jardines un parque de juegos encantado. El lujo no quedó ajeno al interior de la mansión y nadie pudo perderse la elaborada obra en tiza que se había aplicado sobre los suelos pulidos del gran salón de baile.

En el centro se mostraban las iniciales G. III R. con la corona real y sus soportes, todos rodeados por la rosa, el cardo y el trébol en un estilo tremendamente ornamentado.[7]

Las obras a la tiza como esta eran un símbolo de verdadera riqueza. Eran caras, preciosas y completamente temporales, ya que no tardaban en perderse para siempre bajo los pies danzarines que las emborronaban hasta que caían en el olvido.

Hacía falta ser muy descarado para destacar entre un océano de los vestidos más caros y las joyas más excepcionales que la clase alta podía reunir, pero el príncipe regente dominaba ese tipo de situaciones. Él se atavió con el uniforme color escarlata de mariscal de campo, un rango con el que se le había condecorado poco tiempo antes, y se paseó como un pavo real entre la multitud, que tardó tres horas en entrar en fila por las puertas de la mansión. Las joyas resplandecían en la corpulenta y encorsetada figura del monarca y, sobre su cabeza, llevaba una densa peluca rizada rematada por unas tupidas patillas falsas.

El regente se sentó a la cabeza de la mesa del banquete de estado, que se llevó a cabo en la galería de estilo gótico, y disfrutó de ser el centro de atención. Todo lo relacionado con la mesa del príncipe, que compartió con cientos de los invitados más honorables, iba más allá del exceso. Peces vivos nadaban a través de un canal de mármol lleno de agua que pasaba por el centro de la mesa, mientras que la fuente que lo suministraba corría hasta un estanque, alrededor del cual se habían erigido miniaturas de ruinas de la época clásica. Aquella no era una reunión informal, sino un circo que el regente presidía cual maestro de ceremonias. Además, el hombre se encontraba rodeado por el conjunto de la gran vajilla, que deslumbraba desde su lecho de seda carmesí.

La excelencia del diseño y la exquisitez del trabajo eran insuperables; no hay palabras para describir la grandeza que esta exponía; además de que los muchos y variados propósitos que se les dieron a los materiales de plata y oro resultaban igual de bellos y soberbios en cada uno de los ínfimos detalles.[8]

Este impresionante conjunto se trataba de una vajilla de plata dorada con más de cuatro mil piezas creada por Rundell, Bridge & Rundell, que eran los orfebres reales. El magnífico grupo de cubiertos deslumbraba a todo el que lo tenía ante sus ojos, y el regente se aseguró de que nadie pudiese perdérselo. Ni a él tampoco. Aquellos que se sentaron a su mesa en la galería gótica eran los invitados más respetados de todos y, cuando se les atendió con la impresionante vajilla, nadie pudo ponerlo en duda.

Como, aparentemente, la *fête* de la mansión Carlton House se celebraba por el cumpleaños de Jorge III, su hijo, el príncipe regente, como no podía ser de otra manera, fue quien le obsequió con el presente más espléndido. El único problema fue que, en realidad, se lo hacía a sí mismo. Prinny se autorregaló el gran juego de vajilla, el epítome de su colección de metales preciosos de valor incalculable.

El país jamás había presenciado un espectáculo como el que se desarrolló en aquella velada en Carlton House. Para cuando las puertas se abrieron a las nueve de la noche, ya había invitados formando una larga cola, todos ellos resplandecientes con sus uniformes, trajes y vestidos más elegantes. En la sofocante noche estival cenaron, bailaron y disfrutaron del hecho de estar entre los pocos (o los dos mil) elegidos a quienes convocaron para presenciar esta velada única. La cena se sirvió a las dos de la madrugada, antes de que las flores de fuegos artificiales estallaran en el cielo que cubría la mansión. Para cuando la fiesta por fin se disolvió, ya hacía un buen rato que había amanecido.

Aunque todo esto no consiguió impresionar a todo el mundo. Percy Bysshe Shelley escribió: «Se rumorea que este espectáculo costará 120 000 £. Y no será la última baratija que la nación deba comprar para divertir a este mocoso ya crecidito de la Regencia».⁹ Al final, se demostró que también tenía razón, ya que, aunque en un principio la *fête* mejoró la opinión que el pueblo albergaba de su regente, su popularidad no tardó en desplomarse más que nunca, acompañada de las críticas de «pan o la cabeza del rey» que cubrieron los muros de la mansión Carlton House. A pesar de esto, Prinny continuó haciendo lo mismo, sin aprender del error, porque, sencillamente, consideraba que no había una razón para ello.

Dentro del mundo de la alta sociedad, los alardes llamativos de abundancia debían verse con malos ojos y todo debía llevarse a cabo desde el buen gusto. Sin embargo, cuando se trataba del príncipe regente, esta norma se anulaba por un único y simple hecho: «él» era la estrella del espectáculo, no importaba lo que el pueblo y los políticos intentasen decirle.

CAPÍTULO CINCO

LOS MEDIOS DE COMUNICACIÓN

«La independencia de la prensa es el baluarte de la libertad británica, pero en las gacetas oficiales se deberían debatir asuntos públicos y no convertirse en el instrumento del escándalo privado».

James Lawrence, *The Empire of the Nairs*[1]

En el mundo de *Los Bridgerton,* parece que solo una persona conoce los cotilleos más jugosos que a la clase alta le encantaría mantener guardados bajo sus sombreros de inmaculada fabricación. La misteriosa lady Whistledown es la mujer al tanto de todo, y parece que sus «queridísimos lectores» nunca tienen suficiente. En su refinado panfleto que nadie se puede perder, *Lady*

Whistledown's Society Papers, comparte escándalos, secretos y cotilleos difamatorios.

La verdadera identidad de la mujer se mantuvo en secreto hasta que se reveló de forma sensacional (no hay espóileres), y los telespectadores se han enganchado a sus historias exactamente igual que les sucedió a los Bridgerton y a su entorno social en los tiempos de la Regencia. Por supuesto, ella es un personaje de ficción creado de la mano de Julia Quinn, pero existen predecesoras para lady Whistledown en las protocolumnas de cotilleos de las épocas georgiana y de la Regencia.

La señora Phoebe Crackenthorpe, «una dama que lo sabe todo», fue lo más cercano que el largo siglo XVIII estuvo de su propia lady Whistledown, incluso a pesar de que esta vivió más de un siglo antes del mundo de *Los Bridgerton*. La señora Crackenthorpe fue la autora anónima detrás de *The Female Tatler,* una revista que se publicó entre 1709 y 1710. Esta publicación iba dirigida a un público femenino y satirizaba a las personalidades y los acontecimientos del día, acompañándolos con una buena dosis de cotilleos. Aunque su carrera como escritora fue corta, se podría decir que la señora Crackenthorpe fue la abuela espiritual de lady Whistledown y, a diferencia de lady W., su identidad sigue siendo un misterio hoy en día.

¿QUÉ LEO?

Durante la Regencia, los cotilleos eran el pan suyo de cada día y a todo el mundo le encantaba hablar de las noticias y las personas más relevantes del día, desde las educadas damas que cumplían con sus visitas matutinas hasta los clientes de los clubes y los cafés. Si sentían que necesitaban un empujoncito, podían encontrar mucho de lo que conversar en la última edición de la revista *Town and Country,* que entre sus páginas albergaba el artículo imprescindible de *«Tête-à-Tête».* En esa época todavía no se conocía la prensa amarilla, pero aquella columna era lo más parecido. Cada artículo ponía el foco en una pareja infame en particular e informaba de sus idas y venidas, aunque manteniendo los nombres ocultos y sus imágenes escondidas en una silueta. Adivinar las identidades de dichas figuras era casi tan divertido como leer sus travesuras, serían el equivalente a las crónicas de cotilleos de internet, en las que los nombres de los protagonistas se mantienen ocultos, de manera que quien escribe se mantiene del lado de la ley mientras que se asegura de que las especulaciones se agiten tanto como sea posible.

No cruzarse al lado oscuro de la ley parecía de lo más sencillo en el mundo de los periodistas y los difusores de cotilleos de la Regencia. Cuando escribieron sobre el idilio del príncipe de Gales con la actriz Mary Robinson, la pareja se dio a conocer en la prensa como Florizel y Perdita, por los amantes de *Cuento de invierno.* Mary actuaba en esa obra cuando se conocieron, y ellos se referían a sí mismos como los enamorados de la obra de ficción en las cartas de amor que se intercambiaban. Cuando no había ningún apodo obvio al que recurrir, la prensa simplemente lanzaba insinuaciones sin miramientos, por lo que los rumores sobre las discusiones en el palco real en las que una «ilustre dama» se encontraba involucrada debían referirse claramente a Carolina de Brunswick, la esposa de Prinny, con la que no compartía vida. A veces ni siquiera eran tan sutiles, y empleaban un código tan simple para las historias del «d— de Y—» que todo el mundo sabía que estaban leyendo algo sobre el hermano favorito del Regente.

Había otras opciones disponibles para aquellos que quisieran algo más que meros cotilleos y escándalos. Entre 1770 y 1818, *The Lady's Magazine* o *Entertaining Companion for the Fair Sex* ofrecía a las lectoras un divertimento muy popular. Aunque la publicación evitaba en gran medida la política, sí que tocaba las noticias y los temas de actualidad, la literatura de ficción, la cultura, la moda y los chismorreos de la sociedad. Los patrones de bordado resultaban particularmente populares y la publicación se enorgullecía de ser del gusto de un amplio conjunto de personas. A aquellos a los que les gustaba pensar que su gusto en cotilleos era un poco más salubre que el de los periódicos acudían a la famosa crónica de *Fashionable World*, o incluso a la menos conocida *Fashionable Faux Pas*, que ofrecía un resumen no solo de quién acompañaba a quién a los bailes y los eventos de moda, sino también de qué llevaban puesto y cuánto brillaban sus joyas. Las historias de Carolina de Brunswick con la mano metida en los calzones de su chambelán en un viaje por los caminos de Italia no las encontrabas en *The Lady's Magazine* ni en

Fashionable World. Para leerlas, había que comprar diarios «respetables».

Por supuesto que los chismorreos no se extendían solo mediante los periódicos. La prensa liberal y conservadora se alternaban en la actividad de tirar barro a sus oponentes, mientras que las publicaciones radicales dirigían la acción a combatir el aumento de la pobreza, el hambre y las costumbres extravagantes del regente. Cuando el matrimonio del príncipe en el trono y su esposa finalizó de aquel modo tan espectacular, los diarios se dividieron entre los que estaban a favor del príncipe y aquellos que se posicionaron a favor de la princesa, con los primeros haciéndose eco de intensas historias sobre las inmoralidades que Carolina había cometido en el continente, mientras los segundos la pintaban como una esposa maltratada y con el corazón roto. En realidad, no hay nada nuevo con respecto a las guerras y las inclinaciones de los periódicos de la era moderna, más allá del hecho de que los caballeros de la prensa del siglo xviii tenían un gusto por la brutalidad que conseguiría que el perro de presa más hambriento de hoy en día huyese a toda prisa en busca de refugio. Aunque no todo el mundo salía impune, o que le pregunten a Leigh Hunt, quien fue condenado a prisión por difamación después de que tachase al príncipe regente de «incumplidor de su palabra, un total y completo libertino hasta el cuello de deudas y de vergüenzas, que desprecia los lazos con el hogar, compañero de jugadores y mujeres de dudosa reputación, ¡un hombre que acaba de cumplir cincuenta años sin una sola declaración de respeto por la posteridad ni de gratitud por parte de su pueblo!».[2]

Aunque la mejor forma de llegar al corazón de los chismes más jugosos de todos era echar un vistazo a los documentos legales en lo que se detallaban en profundidad los asuntos de los casos de agravio por infidelidad. Básicamente, se trataba de casos de adulterio, y no había nadie por encima de ellos. Incluso el mismísimo hermano del rey se

Carolina de Brunswick, al igual que las *celebrities* más famosas de nuestros tiempos, era el blanco perfecto para la prensa amarilla de su época, aunque alimentaba gustosamente el cotilleo y el escándalo allá donde fuese.

encontró con que su vida sexual estaba plasmada con detalle en una demanda *crim.con.,** lo que provocó una agitada desavenencia entre la familia real del siglo XVIII. Está claro que no todo el mundo tenía los medios para acceder a este tipo de documentos, pero, una vez que se levantaba la liebre, los cotilleos se propagaban igual que un incendio descontrolado y ningún secreto parecía encontrarse realmente a salvo de los oídos del pueblo.

CARICATURAS Y CORTESANAS

En un mundo en el que el alfabetismo quedaba lejos de considerarse universal, las noticias y los chismorreos no solo se difundían mediante el texto impreso, sino que también se divulgaban mediante los dibujos y la palabra oral. Desde las refinadas damas que hacían sus visitas diarias hasta las ruidosas sedes de los clubes donde se reunían los caballeros, el cotilleo no solo servía para despertar el interés de la gente, sino para usarlo como una ventaja que podía influir en toda suerte de asuntos. Las ventanas de las imprentas se llenaban de caricaturas despiadadas que se burlaban de todo lo que se encontrase entre el voluminoso trasero del regente y las actrices escuálidas que encandilaban a los espectado-

*Abreviatura para *criminal conversation,* los agravios por infidelidad que contemplaba el derecho consuetudinario de aquel entonces. *(N. de la T.)*

res y tentaban a los nobles. Dedicar un tiempo a echar un vistazo a las ventanas de las imprentas era como ojear el equivalente a su cuenta favorita de Instagram, donde los elementos visuales pueden contar una historia en cuestión de segundos.

Artistas como James Gillray y Thomas Rowlandson se labraron una reputación gracias a sus caricaturas brutales, satíricas, lascivas y, a veces, hilarantes. Nadie quedaba fuera de su alcance, a sus plumas ningún tema les parecía demasiado delicado, y las imprentas, como la de Hannah Humphrey, se convirtieron en destinos en sí mismos, ya que reunían a una muchedumbre apiñada para ver qué había colgado en sus ventanas.

Para no quedarse atrás, los periódicos suplieron su falta de ilustraciones con apasionantes descripciones de los involucrados en los escándalos. Cuando la Cámara de los Lores se encontraba investigando al duque de York por su presunta participación en un escándalo de un caso de pago de un ascenso de puesto dentro del ejército que llevó a cabo su amante, la cortesana Mary Anne Clarke, esta se convirtió en la estrella indiscutible del espectáculo. La prensa se desvivió por publicar intrincadas descripciones de su «vestido y su abrigo, ambos de seda azul clara» y su «tez blanca, suave y pura, con unos alegres ojos azules», mientras que las ventanas de las imprentas se llenaron de ilustraciones que mostraban a la impenitente cortesana y al príncipe, quien debería habérselo pensado mejor.[3]

Y, después, obviamente, estaban las autobiografías. En un universo en el que las cortesanas conocían los secretos de los gallitos del corral mejor que nadie, algunas de ellas blandían un poder casi impensable. Puede que la más famosa fuese Harriette Wilson, que había vivido en la corte desde que era una adolescente, cuando «no debería decir cómo ni por qué me convertí, con quince años, en la amante del conde de Craven». La mujer se labró una carrera larga y distinguida, pero cuando envejeció y sus mecenas la abandonaron por chicas más jóvenes, Harriette se quedó tirada en la cuneta. Los nobles a los que había servido le habían prometido cuidar de ella durante los años de madurez, pero le fallaron todos.

En respuesta, Harriette comenzó a escribir su autobiografía por entregas, que prometía destapar a los hombres más famosos del país. Antes de que se publicara cada entrega semanal, Harriette escribía a los hombres que iban a aparecer en ella para pedirles 200 £ por eliminar sus nombres del manuscrito. Muchos le entregaron el dinero, pero el duque de Wellington no estaba dispuesto a hacer tal cosa. En cambio, le contestó a Harriette con la famosa frase: *publish and be damned,* que podría traducirse como el equivalente a «más vale ponerse una vez colorado que ciento amarillo», y eso fue lo que hizo. El héroe victorioso del mito popular no era nada del otro mundo para la señorita Wilson, que lo tachó de ser «prácticamente un pobre cazador de ratas», un aburrido en la cama y un cascarrabias fuera de ella. ¡Vaya revés para el duque de hierro!

Abandonada por los mecenas que un día le fueron leales, la cortesana Harriette Wilson usó una de las pocas herramientas que tenía en su mano como mujer: la pluma. Gracias a este proyecto, mediante el que ofreció a los hombres que la habían abandonado la oportunidad de eliminar sus nombres de la escandalosa autobiografía a cambio de un precio, se hizo rica. *«Publish and be damned»*, comentó el duque de Wellington.

CAPÍTULO SEIS

LA SALUD Y LA HIGIENE

«Se suele decir a la gente que, si se adentra lo más mínimo en el conocimiento de la medicina, esta la volverá fantasiosa y le hará creer que tiene todas las enfermedades que lee. Estoy convencido de que esto solo ocurre en los pocos casos en los que el sujeto se trata de una persona sensata».

William Buchan, *Medicina doméstica o tratado completo del método de precaver y curar las enfermedades con el régimen y medicinas simples*[1]

Durante la Regencia, la medicina se encontraba en un estado de cambio. Después de un largo periodo en el que personas que normalmente no contaban con ninguna formación profesional se habían dedicado a aplicar remedios caseros, el panorama había comenzado a cambiar tras la apertura de escuelas de medicina, a las que los caballeros acudían en tropel, entusiasmados por conseguir el título de médico y los honorarios que este podía ofrecer. En un universo en el que las tinturas, las pociones y los remedios para todo se vendían, al parecer, en cada esquina, la salud solía encontrarse dentro del ámbito doméstico. Es obvio que los miembros de la alta sociedad tuvieron acceso a los mejores y más distinguidos médicos que el dinero pudo pagar, pero para los asuntos genéricos de salud e higiene no había necesidad de llamar a ningún tipo de profesional.

MIASMAS Y PASIONES

En el transcurso del largo siglo XVIII, la causa de las enfermedades según la sabiduría popular era algo llamado «miasmas», es decir, aire nocivo. La idea de los peligrosos miasmas tuvo su origen con Galeno, quien también propuso la teoría de los cuatro humores, que postulaba que el cuerpo humano se componía de cuatro elementos: la tierra, que se asociaba a la bilis negra; el aire, que se relacionaba con la sangre; el agua, que se vinculaba a la flema; y el fuego, ligado a la bilis amarilla. Para asegurarse de gozar de buena salud, había que mantener un buen equilibrio entre los humores, y estos se desequilibraban gracias a una gran cantidad de causas, que iban desde las pasiones y la ansiedad a los miasmas y el cambio de temperaturas, a las que sin duda les seguía la enfermedad.

Cada casa albergaba al menos una reproducción de un manual de medicina, y uno de los más populares era el del médico William Buchan *Medicina doméstica o tratado completo del método de precaver y curar las enfermedades con el régimen y medicinas simples, y un apéndice que contiene la farmacopea necesaria para el uso de un particular.* El libro ya tenía cincuenta años cuando comenzó la Regencia, pero se consideraba la guía de referencia sobre la salud y la higiene; dicho manual abogaba rotundamente por la teoría de los cuatro humores. Todo lo que fuese desde dormir con la ventana abierta hasta permitir que una joven señorita se emocionara en demasía podía venir acompañado de fiebre, y esta podía ser mortal, por lo que la estabilidad estaba a la orden del día para las mujeres de la alta sociedad.

Cuando un ataque de histeria viene provocado por la compasión, puede curarse mediante la provocación de una pasión opuesta. He escuchado que se dio el caso en todo un colegio de señoritas de Holanda, en el que todas se curaron al decirles que la primera a la que apresaran debería morir quemada... He visto a la compasión causar la mismísima locura.[2]

Las emociones violentas debían evitarse a toda costa, no fuera que hubiese que llamar a los de la cuerda del doctor Francis Willis, quien había sujetado a Jorge III con una camisa de fuerza, lo había amordazado y le había provocado ampollas en la piel para que le suministraran al paciente sanguijuelas que le drenasen la sangre con la esperanza de curarlo. Sentimos pena por el pobre ciudadano de la Regencia al que no le quedase otra opción que someterse a una operación sin anestesia que le adormilara los sentidos. Frances Burney pasó con éxito por una mastectomía en 1811, supervisada por el célebre cirujano de guerra, el barón Dominique-Jean Larrey. Sus escritos sobre la intervención y «el brillo del acero pulido», tal y como redactó la mujer a su hermana, ponen los pelos de punta en una época de anestesias y una tecnología médica en constante desarrollo.

Algunos de los tratamientos más frecuentes durante esta etapa de la historia nos harían retorcernos de dolor hoy en día y ninguno provocaría una sensación peor que el uso de sanguijuelas para las sangrías. Un hombre que desde luego pagó el precio de esta práctica fue el infame lord Byron, cuyos doctores le prescribieron un tratamiento de sangrías cuando cayó enfermo a principios de 1824. En lugar de sanar al poeta, aquel procedimiento lo dejó más débil que nunca (aunque los médicos de Byron continuaron sangrándole para aliviar los síntomas en desarrollo). El hombre murió en abril de una fiebre, tras haber quedado fatalmente debilitado por las sangrías.

Este método era la elección predilecta de los médicos que buscaban tratar una amplia variedad de afecciones y podía llevarse a cabo de dos formas. La primera consistía en aplicar las sanguijuelas sobre el paciente, algo a lo que el rey no era ajeno, y la otra era realizar un corte por el que pudiese extraerse con un sifón. Se creía que la mayoría de las enfermedades podían curarse, o al menos aliviarse, mediante la eliminación de lo que se consideraba que era un exceso de sangre en el cuerpo.

HAZLO TÚ MISMO

Siempre alerta de los posibles peligros a los que se enfrentaban, todas las familias de clase alta solían guardar sus propios cofres ornamentados para los medicamentos, destinados a los males menos graves. Aunque lo más probable era que contuviesen algunas preparaciones ya mezcladas, los remedios caseros de elaboración propia eran comunes en todos los estratos de la sociedad, y un jardín bien provisto podía abastecer a una dama o a su doncella de todo tipo de hierbas, especias y plantas para usarlas en tinturas y pociones. Estos conocimientos pasaban de generación en generación, no mediante los hombres eruditos en medicina, sino a través de las mujeres que habían llevado una casa y habían adquirido el conocimiento de sus madres y de sus abuelas, antes que ellas. Mucho antes de que la medicina se institucionalizara y de que las empresas farmacéuticas produjesen brebajes y pastillas en masa, las mujeres del mundo creaban sus propias mezclas curativas, y algunas de ellas podrían llegar a sorprendernos hoy en día. Al fin y al cabo, ahora sería verdaderamente extraño encontrar opio en un armario del baño, pero durante la Regencia constituía un ingrediente esencial de la medicina casera. El láudano, a su vez, era una cura para todos los males, que al final terminó por convertirse en la favorita del regente y era uno de sus vicios más destructivos.

Si todo lo demás fallaba, un viaje para probar las aguas de un lugar como Bath o Cheltenham podía reavivar el espíritu, pese a que muchas personas, incluida la familia real, prefería un tratamiento junto al mar. En estos casos, las familias se trasladaban a las ciudades turísticas de moda

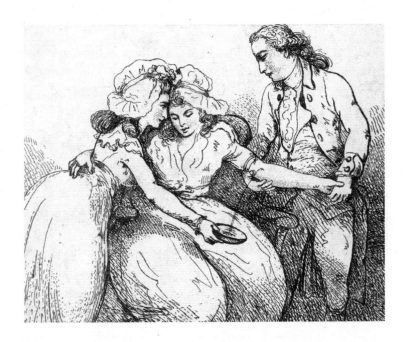

La apertura de una vena dibujada por Thomas Rowlandson. En un esfuerzo por «equilibrar los humores», drenar la sangre de los pacientes era una práctica muy común en tiempos de la Regencia, ya que se creía que libraba al cuerpo de los fluidos impuros.

como Brighton y Weymouth para pasar un verano lejos de la ciudad y respirar la brisa marina. «Los efectos del tratamiento costero en la felicidad son más que evidentes e indiscutibles», escribió un autor para celebrar el poder del mar, «en cuanto a un gran número de problemas, como raquitismos, escrófula y tuberculosis, especialmente las enfermedades tuberculosas localizadas, como la monoartritis tuberculosa, la artritis tuberculosa de cadera y la enfermedad de Pott».[3] La hija de Jorge III, la princesa Amelia, pasó muchas horas sometida al tratamiento junto al mar por los males que la condujeron a una muerte prematura, así que podemos suponer que no representaba una solución perfecta.

En lo que se refiere a la higiene doméstica, los estándares de algunas personas eran más elevados que los de otras. El príncipe regente era muy escrupuloso en el aseo personal, y fueron él y sus partidarios los que alentaron los rumores sobre la falta de higiene de su esposa, quien vivía separada del monarca. Carolina de Brunswick hizo, deliberadamente, del acicalarse a toda prisa una virtud, y durante su noche de bodas repugnó a su marido con «esas manchas de suciedad en la parte delantera y trasera de su... que hizo que me diese un vuelco el estómago y desde aquel momento me juré que jamás volvería a tocarla». El príncipe no se acercaba ni de lejos a poder considerarse un juez imparcial, pero los testigos independientes estaban de acuerdo con que la higiene de Carolina de Brunswick dejaba que desear.

Para los peces gordos de la alta sociedad, una idea como esa era demasiado desagradable como para imaginársela, y una buena higiene era algo vital. Al igual que los carruajes, la moda y las vacaciones, un sistema de aseo propio ofrecía la oportunidad de alardear de la riqueza de la familia, lo que hacía del jabón algo indispensable. Una pastilla de jabón, cortada de un bloque más grande, estaba gravada con muchos impuestos y solo se consideraba al alcance de los adinerados, por lo que, por supuesto, estos debían tener una. Una vez lavada, la tez podía rematarse con una ligera salpicadura de leche virginal, una tintura facial muy popular y una rociada de agua perfumada para asegurarse así de conseguir la lozanía que requería la Regencia.

LA SONRISA DE LA REGENCIA

Es obvio que todo el perfume y el rubor del mundo no valía para nada si tenías la boca llena de raigones renegridos o si tu aliento podía tumbar a cualquier pretendiente a setenta y cinco metros a la redonda. Al igual que con la cirugía, los procedimientos dentales recaían en médicos no cualificados y se llevaban a cabo sin la ayuda de la anestesia. La propia María Antonieta se sometió a agonizantes operaciones de cosmética dental previas a su enlace con Luis XVI y, aunque esto sucedió un buen puñado de décadas antes de la Regencia, las cosas no habían cambiado mucho durante el transcurso de esos años. Como en todo, era mejor prevenir que curar y, durante la Regencia, la higiene bucal formaba parte de la rutina diaria. Como las pastas de dientes modernas no estaban disponibles todavía, la gente usaba un cepillo y un polvo dentífrico que se compraba en los boticarios, junto con otros artículos que se necesitaban en la medicina e higiene domésticas. Al igual que hoy en día, los fabricantes aseguraban cosas impresionantes sobre sus productos y prometían que su polvo dentífrico podía obrar milagros.

> *[El polvo dentífrico del señor Turner] se considera tan agradable en su aplicación como excelente en su efecto; este deja los dientes suaves y blancos, refuerza las encías y les devuelve la salud, el color rojizo y la firmeza, previene las caries, el dolor de dientes y la acumulación de sarro (tan destructivo para los dientes y las encías) y confiere al aliento un olor de lo más agradable.*[4]

A veces, uno puede llegar a mezclar las virtudes con los vicios. La reina Carlota era una fanática del rapé y usaba un polvo dentífrico fabricado con una mezcla de ese tabaco y tierra roja, que la mujer humedecía con té verde antes de usarlo. Algunos de los polvos más refinados para los dientes estaban hechos de cáscaras de coco molidas y otros contenían carbón vegetal o incluso cortezas de pan trituradas que, a propósito, se quemaban hasta que quedaban negras. Con la esperanza de que el carbón dejase el aliento fresco, se añadían sustancias abrasivas como la sal, las cáscaras de huevo e incluso porcelana molida junto con una mezcla de crémor tártaro, bórax y un sinfín de ingredientes. El resultado era un producto que podía raspar el esmalte y que sabía a rayos, por lo que los fabricantes le echaban miel y aceites esenciales, como menta o naranja, para conseguir que los consumidores fuesen menos propensos a tener arcadas mientras se lavaban los dientes.

Si, a pesar de todo el empeño invertido, se te caían los dientes, la única opción era recurrir a las dentaduras. En el caso de que el dinero no fuese un problema, los supuestos dientes de mineral, hechos de porcelana, podían rellenar el hueco. Como alternativa, se podía tirar la casa por la ventana y adquirir un conjunto de dientes de Waterloo, recolectados de los soldados caídos en la batalla con el mismo nombre. Estos se hervían y se acoplaban para crear dentaduras de marfil que ¡desde luego no eran aptas para los pusilánimes!

COSAS DE CHICAS

Por supuesto, había asuntos exclusivos de mujeres a los que ninguna chiquilla que todavía albergara un rubor rosado en las mejillas le habría dedicado ni un segundo de reflexión mientras andaba, de acá para allá, ataviada con un exquisito vestido blanco y aprendía a tocar el harpa. Ser delicada, un buenísimo partido y estar dotada era una cosa, pero cuando la chica madurara y atravesara la pubertad, además de todo esto, la joven tendría que lidiar con su periodo. Así que ¿cómo se enfrentaban nuestras mujeres de la Regencia a una situación que iba, por definición, a surgir una y otra vez repetidamente?

En ese momento es necesario disfrutar de los mejores cuidados, ya que la salud y la felicidad futura de la mujer dependen en gran medida de su conducta [durante el periodo].

Debería tener la precaución de realizar ejercicio al aire libre todos los días, consumir una dieta nutritiva y saludable, y no entregarse a la ropa ajustada... Rara vez se encuentra una, en este periodo, con quejas por dificultad en la parte más activa y laboriosa del sexo; mientras que las indolentes, pasivas y lujuriosas casi nunca se libran de ellas.[5]

Para las mujeres de la época, lidiar con los periodos era una lata obligatoria, y se puede decir que a aquellas que pertenecían a la clase alta les resultaba un poco más fácil que para las que tenían profesiones que requerían que trabajasen durante horas todos los días. La historiadora Lucy Inglis destapó la verdad sobre el cuidado higiénico en la era georgiana, y puede que sorprenda al lector descubrir que las muchachas usaban algo parecido al tampón moderno y que llamaban «supositorios». Estos consistían en un trocito de madera de pocos centímetros de largo que se envolvía en lino y en el que se cosía, a su alrededor, una cuerda que colgaba. Se les daba el mismo uso que hoy en día, pero estos se lavaban y se reutilizaban. Una alternativa a estos era una bolsita con relleno en su interior que se insertaba en la vagina hasta que la guata se empapaba, momento en el que esta se reemplazaba y se volvía a introducir la bolsita. Las mujeres que preferían utilizar un paño o necesitaban una protección extra para combatir el flujo abundante, se ponían un cinturón que iba unido a un trozo de muselina acolchada, de manera que, básicamente, formaba lo que sería la compresa higiénica de antaño. Si era necesario, estas podían hervirse y volver a utilizarse.

Aunque no pensamos en este tipo de cosas mientras vemos *Los Bridgerton* u hojeamos las páginas de nuestra novela favorita de Jane Austen, las mujeres siempre han tenido que lidiar con estos asuntos de la vida. No resulta sorprendente que haya sobrevivido tan poquísima información sobre este tema de una época en la que las expectativas que se tenían de las mujeres y del comportamiento de una señorita eran tan estrictas.

EL EMBARAZO

Pese a que los matrimonios de las clases más altas podían llevarse a cabo por cualquier motivo que oscilase entre el amor y los negocios, el objetivo principal era mantener la dinastía. El deber de la pareja recién casada era traer niños al mundo lo antes posible para asegurar la sucesión del dinero, las fincas y los títulos. Como bien sabrán los seguidores de *Los Bridgerton,* el duque de Hastings estaba convencido de que no quería concebir ningún hijo. Cuando Daphne le dio el sí quiero, creía que el hombre era incapaz de ser padre, no que había tomado una decisión consciente de no tener descendencia. La joven se sintió engañada y, en un capítulo muy controvertido, se negó a permitir que Simon diese marcha atrás durante el coito. Aunque la chica no era consciente en ese momento, dio la impresión de que aquel matrimonio no sobreviviría. Como los espectadores saben, eso no fue exactamente lo que sucedió.

Las cosas eran muy diferentes para aquellas mujeres que se quedaban embarazadas sin haberse dado el sí quiero. En la alta sociedad, estar encinta sin haberse casado significaba el colmo de la vergüenza. Una cosa era estar sola, como Violet Bridgerton, que quedó viuda tras la muerte de su esposo por una picadura de abeja mientras ella estaba en estado, y otra completamente inaceptable era ser una madre soltera. Esto les sonará a los fans de la serie que vieron a Marina llegar desde su hogar en el campo para instalarse en casa de los Featherington, quienes que no tenían ni idea de lo que se les venía encima. Aunque la aparición de Marina en el baile de lady Danbury causó sensación, ya que consiguió que se le presentaran posibles pretendientes y, además, lady Whistledown le otorgó el codiciado título de diamante («la incomparable»), no tardó en meterse en la cama con una misteriosa enfermedad. Los espectadores con vista de lince seguro que dieron rápidamente con la pista de que Marina no era tan despreocupada como podía parecer: un collar con una miniatura del ojo de su amado que llevaba colgado del cuello. Un «ojo de amante» era una pequeña miniatura pictórica en la que se representaba el ojo de un ser querido, y el hecho de que Marina portase uno sugería que su corazón pertenecía a otro. Para añadirle un poco más de drama, no tardó en hacerse evidente que no era que la chica se encontrase indispuesta, sino que estaba embarazada.

Creyendo que el padre de su hijo nonato, el soldado *sir* George Crane, la había abandonado, Marina aceptó la proposición de Colin, ajeno a su estado, con el objetivo de casarse lo antes posible. Sin embargo, la joven perdió tanto la reputación como a su prometido cuando la alta sociedad descubrió que estaba encinta. Como los Featherington no podían permitirse una cama de hospital, la desesperada Marina intentó deshacerse del bebé preparando un té de enebro con la esperanza de que este le indujera un aborto natural. Esta decisión se tomaba demasiado a menudo en el periodo de la Regencia, durante el que las mujeres que se encontraban al borde del precipicio recurrían a tés de hierbas compuestos de enebro, poleo o plantas similares con la ilusión de que así pondrían fin a un embarazo no deseado. Al final, los esfuerzos de Marina fueron en balde y, más tarde, descubrió que en realidad George había caído en combate. Aunque muchas mujeres habrían tenido que hacer frente a un futuro de inseguridad y humillación, a ella le propusieron una solución agridulce: el hermano del padre de su hijo nonato se ofreció a casarse con ella para cumplir con la obligación de George; Marina aceptó. Así, la chica se conformó con un matrimonio que no tenía nada que ver con el amor, pero que sí le otorgaba seguridad y, por lo menos, satisfacción.

Ser madre de un hijo ilegítimo significaba enfrentarse a un futuro de vergüenza, chismorreos y, por supuesto, el rechazo de los más refinados y cultivados de la sociedad. Para el padre de un niño así, las consecuencias eran menos graves. Aunque sus acciones podían verse con malos ojos, no se convertiría en un paria ni sufriría deshonra. En cambio, se le seguiría considerando un buen partido y la alta sociedad lo acogería exactamente igual que antes de convertirse en padre.

En el caso de aquellas parejas de la clase alta a las que les costase concebir, los respetados y caros parteros (las matronas masculinas) a los que acudían en busca de consejo prestaban una ayuda práctica bastante exigua. Los eruditos de la medicina casi siempre recurrían al consejo estándar para las mujeres de la Regencia y animaban a la pareja a probar las aguas o ir a otra parte que les brindase un aire más fresco y limpio. Si eso no daba resultado, acudían a las sangrías, que no surtirían ningún efecto en la fertilidad de la mujer. El lector ya habrá notado que, en cuanto a los asuntos de fecundidad, el foco siempre recaía en la madre llena de esperanza y no en su marido.

En cuanto una mujer de clase alta se quedaba encinta, todo giraba en torno a la venida al mundo de un bebé sano. Los doctores creían que, por encima de todo, cuidar la estabilidad de la constitución física de la madre durante las primeras etapas del embarazo era vital para, con suerte, asegurar que, más o menos, no hubiese problemas a la hora de dar a luz. Asimismo, se las animaba a realizar un ejercicio leve durante los primeros meses de gestación y, en esencia, esta filosofía buscaba evitar cualquier tipo de agitación. Mientras las futuras madres continuaban con sus compromisos sociales a la vez que el embarazo seguía su curso y el periodo de reposo absoluto se acercaba, estas se iban desprendiendo poco a poco de sus responsabilidades con el fin de prepararse para meterse en la cama.

A medida que se aproximaba la fecha del parto, la dieta de la madre se controlaba de manera estricta y, si la barriga comenzaba a ser demasiado grande, se le provocaba el vómito para que el bebé no creciese más de lo aconsejable. Otra alternativa era dejar que pasase un hambre terrible con la intención de obtener el mismo fin (aunque ahora sabemos de buena mano que tratar a las embarazadas con cualquiera de estos dos métodos no es lo ideal). Igualmente, los manuales de medicina de la época nos desvelan que las sangrías resultaban una cura muy popular para cualquier dolencia que pudiese contraer la mujer en estado. Pese a que algunos médicos permitían practicar ejercicio muy suave durante los últimos meses de gestación, lo más común era que la futura madre pasara ese periodo haciendo reposo absoluto, acostada en la cama y con la prohibición de realizar cualquier tipo de ejercicio en ese lapso de tiempo, que podía oscilar entre varias semanas o incluso varios meses.

Durante el reposo absoluto, la dama se limitaba a esperar a que comenzara el parto y a contar los días que faltaban para el inicio de las contracciones. En cuanto estas empezaban, se cerraban todas las puertas y ventanas de la habitación de reposo, y se calentaba el dormitorio para proteger a la madre y al recién nacido de cualquier corriente que pudiese provocarles la temida fiebre. En aquel lugar, que prácticamente se trataba de un invernadero, las mismas bacterias que los médicos esperaban mantener a raya prosperaban a sus anchas y, si añadimos que además no entraba aire fresco, lo que ya se trata de una experiencia complicada de por sí, se convertía en una todavía más dura. A pesar de que el embarazo implicaba riesgos, la futura madre aún debía soportar el momento más peligroso de todos: el parto.

EL PARTO

Otro asunto que solo concernía a las mujeres era, por supuesto, el parto. Aunque la reina Carlota dio a luz a quince niños, de los cuales trece sobrevivieron hasta llegar a la edad adulta, los riesgos asociados al nacimiento de un niño durante la Regencia eran considerables, incluso para la élite, a pesar de que podían permitirse los mejores doctores que el dinero pudiese comprar. De hecho, cuando la mismísima reina dio a luz, su carísimo médico personal se quedó en un segundo plano para permitir que la señora Draper, una anciana comadrona, hiciese lo que mejor se le daba y trajera al mundo al heredero y al resto de sucesores de repuesto.

La posibilidad de morir durante el parto o poco después era muy alta, ya que una de cada cinco madres no sobrevivía. Aun así, en un mundo en el que se esperaba que las mujeres de la alta sociedad consiguiesen asegurar la línea de sucesión de su marido, no era algo que se pudiese evitar sin más. En su desesperación por *no* convertirse en padre, el duque de Hastings de *Los Bridgerton* se estaba negando a cumplir con el deber dinástico más importante de todos. Puede que tuviese sus razones, pero para ver lo improbable que era esa situación, basta que consideremos la lucha que libraron los hermanos del regente por casarse y concebir herederos cuando murió la princesa Carlota de Gales.

Cuando se trataba de dar a luz, no había muchas opciones disponibles más allá del empujar de toda la vida, con la asistencia del médico o la comadrona, y el parto podía resultar una experiencia agónica e increíblemente peligrosa tanto para la madre como para el bebé. Los fórceps se usaban en muy pocos casos y, debido al alto riesgo de infección que implicaba una cesárea, esta se reservaba para los partos en los que las mujeres habían fallecido durante el alumbramiento. La amenaza de sufrir una infección era enorme e, incluso después del parto, la mujer que acababa de ser madre no se encontraba fuera de peligro. Debía permanecer en la sofocante habitación cerrada a cal y canto y guardar una dieta prácticamente basada en líquidos, de manera que se le negaban todos los nutrientes que las ayudarían a recuperarse. «La mujer debe evitar la compañía y el ruido», se aconsejaba. «En cuanto a su dieta, al menos durante la primera semana, esta debería ser muy ligera y de digestión sencilla».[6]

No hay nada más claro como que la mala gestión del parto sienta las bases de muchas enfermedades que ocurren después de dar a luz y por las que se culpa al asistente clínico, cuando la causa solo puede atribuirse a la mala praxis en el em-

barazo, ya sea por las ideas falsas de las propias
mujeres o los absurdos consejos de sus amigas.[7]

El embarazo, el parto y el espacio de tiempo justo después de dar a luz conformaban momentos tremendamente peligrosos para la madre, pero con la creencia de que demasiada emoción era un riesgo en sí mismo, lo más normal era que se les impidiese rotundamente tomar decisiones sobre su propio cuidado. Cualquiera podría pensar que, ya que contaban con el dinero para pagar la mejor atención médica, las mujeres de clase alta sufrían la amenaza de las complicaciones en menor medida que aquellas que pertenecían a las clases trabajadoras. Sin embargo, tal y como muestra el trágico caso de la princesa Carlota de Gales, no tenía por qué ser necesariamente así.

La joven era la única hija del príncipe regente y su odiada esposa, Carolina de Brunswick. Ella era la heredera al trono y, como ninguno de los hermanos del rey había concebido hijos legítimos, era la mejor apuesta para continuar con la línea de sucesión. Así, en 1816, la princesa Carlota se casó con su marido, el príncipe Leopoldo de Sajonia-Coburgo y Gotha, y se quedó encinta poco después. Su cuidado le fue confiado a *sir* Richard Croft, un ilustre partero que había atendido a muchas familias nobles y servido como médico al rey Jorge III.

De acuerdo con los métodos que él solía poner en práctica y aquellos propios de la época, este mantuvo a su paciente bajo una dieta estricta casi hasta el punto de la inanición y la debilitó aún más con sangrías a medida que los meses avanzaban. Se esperaba que Carlota trajese al mundo

El triste destino de la única hija legítima del príncipe regente fue
una prueba, si es que se necesitaba alguna, del peligro que
implicaba ser mujer a principios del siglo XIX. La princesa Carlota
solo tenía veintiún años cuando murió durante el parto, en el que
dio a luz a un niño muerto, y, además, poco después falleció
el partero, lo que completó la «triple tragedia obstetricia».

a su hijo el 19 de octubre de 1817, pero la fecha llegó, pasó y la mujer seguía en cama y sin signos de parto. Croft le permitió que diese ligeros paseos con la esperanza de que el movimiento estimulara al bebé para nacer, e incluso salió en carruaje con su marido hasta que, el 3 de noviembre, llegaron las primeras contracciones.

Carlota estuvo de parto durante dos días, debilitándose y desesperándose más a cada hora que pasaba. *Sir* Richard no le permitió comer nada y, tanto él como sus compañeros de profesión, continuaron esperando mientras la princesa no paraba de sufrir. Es posible que el uso de los fórceps hubiese dado un vuelco a la situación, pero apenas se usaban si no se daba el caso de que la madre moría dando a luz. El partero jamás los había utilizado y no iba a hacer una excepción en un caso de tan suma importancia.

La princesa de Gales finalmente dio a luz a un niño muerto durante la noche del 5 de noviembre de 1817. El niño era grande, pesaba cuatro kilos, pero todos los esfuerzos por reanimarlo fueron en balde y le dijeron a la mujer que acababa de convertirse en madre que su sufrimiento había sido en vano. Ella contestó con un escueto: «Dios lo ha querido así», y luego se acomodó para descansar. Unas horas después, la princesa Carlota comenzó a sufrir unos dolores abdominales muy fuertes y empezó a vomitar sin control. *Sir* Richard Croft volvió al cabecero de la cama de la joven para descubrir que estaba sangrando, respiraba con dificultad y tenía la piel helada. Por desgracia, sus esfuerzos por salvarla llegaron demasiado tarde: tan solo unas horas después de dar a luz a un niño sin vida, la princesa Carlota de Gales falleció.

Ha sucedido lo más triste y doloroso que podía ocurrir: ¡la princesa Carlota ya no se encuentra entre nosotros! No sentimos más que pena y consternación, el regocijo se ha tornado en luto por la muerte de una de las princesas más encantadoras y afectuosas. En este momento no existen palabras que puedan describir la situación.[8]

La muerte de la querida princesa sacudió a la nación. Personas de todos los rincones de Gran Bretaña mostraron sus respetos en escenas sin precedentes para aquellos tiempos. Apenado, el pueblo buscó a alguien a quien culpar, y escogieron a *sir* Richard Croft, que jamás pudo perdonarse por la muerte de Carlota y su bebé. Tan solo tres meses después, se pegó un tiro y protagonizó el último acto de lo que con el tiempo se conocería como la «triple tragedia obstetricia».

CAPÍTULO SIETE

EL AMOR Y EL MATRIMONIO

«Recuerde que lo que espera doblegar son las afecciones de un alma sensible y sensata, además de buscar unos brazos capaces de mantener la fortaleza. Aquel que sea digno, debe amar respondiendo a la excelencia».

The Mirror of the Graces[1]

El amor es el centro del universo de *Los Bridgerton,* y el eje del mundo romántico en la clase alta de la Regencia era el matrimonio por amor. Los que vieron la primera temporada, contemplaron a Daphne intentando navegar por las aguas, a veces agitadas, de la alta sociedad como una joven debutante que acababa de hacer su aparición para adentrarse en su primera temporada y hacer frente a las pruebas y tentaciones que el universo iba a poner en su camino. El sendero hasta el final feliz estaba pavimentado con pasiones y amoríos, y los espectadores parecían insaciables.

Las jóvenes de clase alta se presentaban en sociedad cuando alcanzaban entre los dieciocho y los veinticinco años, en cuyo momento se engalanarían con sus vestidos y guantes blancos de mayor calidad, se aplicarían el maquillaje justo para que pareciese que tenían la piel lozana y harían su aparición en sociedad en el baile de la reina Carlota. Allí, las estarían observando los mejores partidos de la Regencia y sus familias, quienes las someterían a un escrutinio, igual que harían los padres de ellas con los jóvenes pretendientes. Al fin y al cabo, aquel era el lugar donde podía surgir el matrimonio.

EL BAILE DE LA REINA CARLOTA

El primer baile de la reina Carlota se celebró en 1780 como un medio para que la monarca filántropa recaudase fondos para sus organizaciones benéficas preferidas. La mujer se situaba junto a una monumental tarta de cumpleaños y felicitaba a cada debutante a la vez que las patrocinadoras de alto rango de estas se las presentaba, exactamente igual que lady Danbury auspició a las Sharmas y las presentó en sociedad como mujeres casaderas. La soberana invirtió el dinero que reunió en fundar el hospital Queen Charlotte's and Chelsea, y aquel baile pasó a ser un evento anual que continuó celebrándose incluso después de su muerte. Aunque, según apuntó el mordaz cronista Horace Walpole, la mismísima Carlota no disfrutaba en demasía de la ocasión: «La muchedumbre que acudió al cumpleaños era excesiva y esta se apretujaba, empujaba y agolpaba alrededor de la reina de un modo de lo más salvaje y escandaloso. Mientras la monarca salía del salón, alguien le dijo a modo de alago: "vaya multitud tan extensa". "Sí —le contestó la soberana—, pero fuese a donde fuese uno, la reina siempre estaba en medio"».[2]

Presentarse en sociedad costaba dinero, desde los vestidos a las dotes, pasando por las entradas, los bailes y otras necesidades; sin embargo, si una hija de la alta sociedad quería casarse, tenía que pasar por ello. En cuanto una chica hacía su aparición, entraba a formar parte del mercado matrimonial, por lo que asistía, siempre acompañada, a cualquier baile, reunión o evento social en el que pudiese haber jóvenes presentes. Allí era cuando de verdad se valoraban las destrezas en el baile que tanto sudor les había costado adquirir, ya que este podría servir para captar la mirada de su candidato favorito o el de su familia, mientras que con suerte evitaría a aquellos que prefería no conocer.

Cada jovencita traía consigo una dote, es decir, una cantidad de dinero que podía completarse con tierras y otros bienes de valor, que pasarían a ser de propiedad del marido cuando se formalizase el enlace. De hecho, una dote jugosa podía despertar el atractivo de una chica y, sin embargo, como las hijas de los Featherington descubrieron, la falta de esta se traducía en la inexistencia de perspectivas reales de un final feliz a menos que se produjese un milagro. Durante la Regencia, los chicos y las chicas no eran tan diferentes a como lo son hoy en día y sabían perfectamente por quién se sentían atraídos y por quién no. Pero, a diferencia de nuestros tiempos, estos no podían entablar una conversación y comenzar a conocer a alguien por gusto, así sin más.

VAMOS A CONOCERNOS

La reputación de una señorita debía protegerse a toda costa, y eso significaba que, si iba a presentarse a alguien, tenía que hacerlo de manera formal. Estas presentaciones solían llevarlas a cabo los miembros de la familia o intermediarios dignos de respeto durante fiestas u otros eventos y, antes de que una dama pudiese aceptar acompañar a la pista de baile a un caballero, debía haberse producido un encuentro formal. De lo contrario, sería el colmo de la falta de decoro. Y para empeorarlo todavía más, nadie podía presentarse a una persona de un rango social superior a no ser que este último se mostrase dispuesto a recibirla. Estas normas eran estrictas e inflexibles y, en un momento en que la reputación lo era todo, casi nadie quería arriesgarse a que acabase dañada.

Las mujeres, cuyo círculo es más reducido que el de los hombres, encuentran al mismo tiempo en la práctica de este arte una actividad física y una oportunidad de exhibir sus gracias innatas. Donde lo deseable es el ejercicio leve, el minué brinda sus servicios con el mejor efecto posible y, si se baila con elegancia, proporciona a los espectadores el mayor de los placeres.[3]

Los bailes ofrecían la rara oportunidad de mantener una conversación privada y de poder tocarse las manos lejos de las carabinas, pero cualquier forma de contacto físico más allá de eso resultaba prácticamente impensable. Cuando Daphne y el duque de Hastings se robaron un beso en el jardín y Anthony los descubrió, las consecuencias podrían haber sido peores para la hija Bridgerton. El vizconde se escandalizó e insistió en que Simon se casara con su hermana, pero el duque se negó y prefirió batirse en un duelo en lugar de contraer matrimonio. Pero, en realidad, si se hubiese corrido la noticia de que se habían besado, el futuro de Daphne se habría vuelto bastante desalentador. Ninguna familia querría que su hijo se casase con ella, y ningún hombre la habría considerado como una futura esposa apta. Un caballero podía ayudar a una dama a subir a su carruaje si esta lo necesitaba, aunque incluso entonces debían mantener la discreción. Al fin y al cabo, un movimiento en falso podía arruinar la reputación de una mujer (aunque la de él permanecería intacta). Es injusto e hipócrita, pero sencillamente era un hecho en la vida durante la Regencia.

Cuando una pareja decidía que quería estar junta, debía presentarse como tal. Esto implicaba dar paseos con carabina delante de sus iguales, bailar y básicamente darse a conocer como lo que eran. Esto también brindaba a las familias la ocasión de alardear de su nueva relación, tal y como hicieron los Sharma y los Bridgerton cuando pasearon juntos tras el compromiso de Edwina y Anthony. Por supuesto que esto no significaba besuqueos ni arrumacos; de hecho, todo seguía siendo muy respetuoso, porque no bastaba con «serlo», sino que había que dejárselo claro a todo el mundo. Cuando Eloise visitó a Theo a solas y sin carabina, para nada esperaba que lady Whistledown revelase a toda la alta sociedad la relación que estaba floreciendo entre los dos y, pese a que los motivos de la escritora podían resultar puros, el impacto en Eloise y su familia fue desastroso. Ante el doble escándalo de que su hija fraternizara a solas con un hombre, y además con uno tan radical, los Bridgerton volvieron a encontrarse en el centro de los cotilleos de la alta sociedad. Para una dama, encontrarse sin carabina en la compañía de un hombre resultaba tan inconcebible que la reina Carlota ni siquiera permitía que sus hijas adultas se quedaran a solas con sus tíos e insistía en que siempre hubiese alguien acompañándolos. No bastaba con ser pura si no se te consideraba como tal.

A no ser que los dos enamorados tuviesen planeado fugarse, algo que no se atreverían a hacer si se trataba de

Dos jóvenes dando un paseo y, por lo tanto, declarando que
han establecido un vínculo como pareja.

una unión respetable de verdad, una vez que se encontraba
un buen partido y los padres de ambos se mostraban de
acuerdo, se hacía una propuesta de matrimonio. Está claro
que una mujer jamás le pediría la mano a un caballero,
sino que en lugar de eso debía esperar a que él moviese
ficha. Los compromisos largos no eran comunes, igual que
tampoco lo eran los cortejos prolongados. Si una dama

encontraba pareja durante su primera temporada, podía esperar tener un matrimonio consolidado para el comienzo de la siguiente. Sus días de juventud se habían acabado y solo le cabría esperar que hubiese elegido a alguien adecuado.

Aquel que sea digno debe amar respondiendo a la excelencia. ¿Cuántas de vosotras desearían casarse con un hombre solo por el color de sus ojos o la forma de sus piernas? No penséis, pues, peor de él que de vosotras mismas y esperad no satisfacer sus mejores deseos simplemente con poseer una esposa bella.[4]

A aquellos que no encontraban pareja siempre les quedaba una segunda temporada y puede que incluso una tercera, pero con cada año que pasaba sus expectativas se veían cada vez más debilitadas. Ya hemos considerado el apuro de quedarse solterona y depender de la familia para que te mantenga; esa mera idea aborrecía a las debutantes de la alta sociedad. El matrimonio era el siguiente peldaño de lo que, esencialmente, era una carrera por escalar posiciones y para la que se habían entrenado desde temprana edad. Había pocas alternativas y eran muy preciadas. Aunque, mientras que a las damas las preparaban para el matrimonio, los caballeros podían concentrarse en ocupaciones menos domésticas.

DUELOS DE HONOR

Después de que Anthony se topara con su hermana dándose un acalorado achuchón con el duque de Hastings, los dos hombres participaron en un duelo para defender el honor de Daphne. Aunque hoy en día nos resulte impensable, batirse en duelo resultaba una práctica común, aunque ilegal en casi toda Europa, que brindada a dos combatientes la oportunidad de resolver un desacuerdo sobre el honor, si bien a veces tenía resultados fatales. Si el comportamiento de un caballero ofendía a otro, este podía lanzarle un desafío y exigir una satisfacción; resumiendo, lo desafiaba a un duelo.

Una vez declarado el duelo, rechazar la contienda se consideraba una deshonra. Solo se hacía una excepción cuando un caballero consideraba que su oponente se encontraba en un rango inferior, es decir, si se trataba de un criminal o un sirviente. Ese era el único supuesto en que podía rechazar el desafío sin manchar su honor. Si no era así, este tenía que aceptar el enfrentamiento. El duelo se desarrollaba según las estrictísimas reglas de etiqueta.

Cada caballero elegía a un padrino de confianza, cuyo trabajo principal consistía en presentarse e intentar resolver el problema sin que tuviesen que recurrir a las armas. Si el caballero que había perpetrado la ofensa deseaba disculparse y la parte afectada podía aceptarlo sin sacrificar su honra, se abría una oportunidad de prevenir el encuentro. Esto no podía pasar si ya se había llegado a las manos, en cuyo caso, a aquel que había propuesto el desafío se le otorgaba la oportunidad de azotar a su oponente, además de recibir una disculpa.

Cuando no se ofrecía disculpa alguna o esta se rechazaba, el duelo seguía adelante. Por norma general, las armas elegidas eran pistolas, aunque algunos preferían espadas. Aunque, en realidad, en la mayoría de los casos, el objetivo no era asesinar al oponente, sino simplemente restablecer el honor dañado. Los disparos podían realizarse a la vez o se le otorgaba el primer tiro a la parte agraviada, en cuyo caso su oponente esperaría a que apuntase deliberadamente por encima de su cabeza. En ese momento, el caballero que había provocado la ofensa en primera instancia podía elegir entre responder a su adversario, pegar un tiro al aire o no disparar. Después de cada ronda, los padrinos preguntaban si el hombre insultado había recibido satisfacción y, en cuanto la persona que había propuesto el desafío convenía que así era, se ponía fin al duelo.

Como este tipo de batallas por el honor eran ilegales y normalmente pretendían ser más un acto simbólico que provocar un derramamiento de sangre, solían llevarse a cabo por la mañana, muy temprano, y en un lugar apartado. Si el duelo terminaba con la muerte, el caballero que hubiese disparado el arma o blandido la espada responsable del fallecimiento debería enfrentarse a los tribunales y a una muy posible sentencia de muerte. En realidad, la mayoría de estos encuentros se resolvían sin fatalidades y lo único que solía salir herido era el orgullo.

MATRIMONIO

Por suerte, los duelos, si es que se producían, se resolvían con rapidez, así que el futuro novio podía volver al asunto de su boda. En cuanto se aceptaba la propuesta de matrimonio, se abrían varios caminos para la feliz pareja. El más común era que se leyeran las amonestaciones del casamiento en la iglesia tres domingos antes de la fecha del enlace. Otra alternativa, si no se podía perder el tiempo, era que un obispo acelerase el proceso expidiendo una licencia ordinaria. La tercera opción era conseguir un permiso de precio prohibitivo, que solo podía remitir el arzobispo de Canterbury y que permitía que la pareja contrajese matrimonio en cualquier momento y lugar. Este tipo de licencia fue la que obtuvieron Simon y Daphne en *Los Bridgerton,* aunque ellos fueron un paso más allá y consiguieron el permiso de mano de la mismísima reina. Así es la vida en el estrato social de la élite.

Igual que hoy en día, una boda podía ser tan humilde o lujosa como lo permitiesen los presupuestos, pero presentaba otra oportunidad de alardear de todo el dinero que poseía la familia. A diferencia de los enlaces modernos, la ceremonia era un asunto muy íntimo, limitado a los novios, sus testigos, las damas de honor, los padrinos, los amigos cercanos y la familia. Por supuesto, en las bodas de la élite se veía a todo el mundo engalanado con las últimas adquisiciones más elegantes, siendo el vestido de novia el sumun del estilo, aunque los vestidos blancos de novia todavía no se habían convertido en la norma. Dicho esto, si tenemos en cuenta que en este mundo las mujeres que seguían las modas preferían el blanco antes que cualquier color, era una elección popular por defecto. Las familias podían llegar a tirar la casa por la ventana con las celebraciones que seguían al enlace, para embarcar así a los recién casados en lo que ojalá fuese un largo y feliz matrimonio.

Y si uno formaba parte de la nueva pareja, desde luego que esperaba que las cosas saliesen bien, porque en la Regencia el «hasta que la muerte nos separe» no solo representaba una expresión. Como el mismísimo príncipe regente aprendió cuando se separó de su esposa a los dieciocho meses de haberse dado el sí quiero, conseguir el divorcio en la Inglaterra de la Regencia no era cosa fácil. Él nunca lo obtuvo, y para aquellos que sí, podía resultar una apuesta muy alta, tanto que podía hacer que acabasen arruinados en todos los sentidos.

Y FUERON INFELICES PARA SIEMPRE

Hasta la aprobación de la ley de Divorcio en 1857, que legalizó la ruptura del matrimonio en los juzgados civiles, este estaba controlado por los tribunales eclesiásticos, y la Iglesia no ponía fin a un matrimonio sin una excelente razón. Aunque esos divorcios ni siquiera permitían que una pareja se volviese a casar, se parecían más a lo que hoy en día llamaríamos una separación legal, que eliminaba, a partir de su dictamen, las responsabilidades legales y financieras. Esto implicaba libertad, pero solo hasta cierto punto.

La única forma de obtener la disolución completa que permitiese a alguien volver a contraer matrimonio era asegurarse de que el Parlamento le otorgaba el divorcio, y esto tenía fama de ser muy difícil de conseguir. El proceso comenzaba con un caso de agravio por infidelidad, porque era necesario que una de las partes cometiese adulterio para tener al menos la más ínfima posibilidad. Si una mujer cometía adulterio, su vida dentro de la sociedad cultivada y refinada se había acabado. Aunque ella no fuese la acusada, ya que en realidad el marido demandaría al presunto amante, sería la esposa la que quedaría arruinada a ojos de sus iguales y excluida de todo lo que conocía. Lo peor de todo era que tanto su dinero como sus propiedades permanecerían en manos del cónyuge, al igual que los hijos.

Obviamente, las cosas eran distintas para los hombres. Mientras su exmujer hacía recuento de lo que le había costado la derrota, un marido divorciado podía beber tranquilamente en un club con la persona que había provocado la ruptura del matrimonio. Incluso la propia ley era desigual: un hombre podía divorciarse de su esposa a través del Parlamento por adulterio, pero ella no podía hacer lo mismo. Si una mujer quería presentar un caso de infidelidad, debía estar agravado por abuso físico, bigamia o incesto, y todo el mundo sabía que esto era bastante difícil de probar. La ley, al igual que muchas otras cosas, se alejaba mucho de la justicia.

El matrimonio no quedaba disuelto en cuanto la demanda de agravio por infidelidad se resolvía a favor de la parte supuestamente inocente. El segundo paso, un caro divorcio expedido por el Parlamento, era el proceso final con el que se pondría fin a la unión. Muchos sencillamente decidían permanecer separados y no volver a casarse con la esperanza de evitar el delirio de la prensa. Preferían contentarse con una simple separación a ver sus nombres y sus asuntos más íntimos en la primera plana de los periódicos.

Sin embargo, si el divorcio seguía adelante, se llevaba ante el Parlamento la sentencia civil de divorcio y se leía tres veces ante los Lores. También se pedía que asistieran testigos contra la parte adúltera, pero los acusados, normalmente las esposas de hombres ricos y poderosos, no podían testificar en su propio beneficio, lo que significa que no se escuchaba lo que tuvieran que decir antes de que los Lores tomaran una decisión. Aunque, si lo hubiesen hecho, era poco probable que hubiese influido en el veredicto en un sentido o en otro.

Si se concedía el divorcio, las pérdidas para la parte adúltera (si se trataba de la esposa) eran enormes. La mujer lo entregaba todo a cambio de una asignación que distaba de ser generosa y que a menudo no se cobraba. Como se le negaba el acceso a lo que un día fueron sus bienes personales, muy pocas podían permitirse una contrademanda. Puede que fuese libre, pero se quedaba, en el sentido social y, normalmente también en el financiero, arruinada.

VIUDAS Y SOLTERONAS

Aunque todas las familias esperaban que sus hijas consiguiesen un buen matrimonio, no todas las mujeres se convertían en esposas, ya fuese por accidente o de manera intencionada. Pero aquellas que se quedaban para vestir santos debían enfrentarse a ciertos desafíos. Durante la Regencia, la soltería se consideraba antinatural y a las mujeres que no habían contraído matrimonio se las veía como figuras por las que sentir pena o de las que cotillear, a la vez que estas se preguntaban qué tendrían de malo para haber fallado en el cumplimiento del deber que se esperaba de ellas.

Como ya hemos analizado en otro punto, la manutención de muchas solteronas suponía una obligación para sus familias. Estas solían ver a las mujeres como una carga económica cuyo mantenimiento debería haber recaído en sus maridos. Sin embargo, para las solteras que contaban con sus propios recursos existía la oportunidad de un cierto nivel de independencia siempre que no se confiase su dinero a los parientes masculinos para que lo gestionaran, lo cual solía ser el caso. Encontrar un trabajo con el que ganarse la vida tampoco era una opción, ya que las expectativas profesionales de las mujeres de clase alta eran extremadamente limitadas. Pese a que convertirse en una institutriz o una dama de compañía ofrecía un sustento, se seguía viendo como una situación en la que ninguna mujer querría encontrarse y se traducía como una significativa desescalada dentro de la alta sociedad.

En cambio, las viudas se encontraban con otros retos por delante. Cuando Edmund Bridgerton falleció por una reacción alérgica a la picadura de una abeja, dejó a su esposa embarazada con siete hijos y tuvieron que arreglárselas por su cuenta. Incluso en el mismo momento en que Violet lloraba la muerte de su adorado esposo, ya se tenía que enfrentar a un futuro incierto y a un mundo en el que debería abrirse camino sola.

Durante la Regencia, a las viudas les correspondían los bienes gananciales o la tercera parte del valor de la herencia del cónyuge difunto de manera vitalicia, y eso podía resultar la diferencia entre vivir cómodamente o la pobreza. Si el marido había sido acaudalado y sus fincas generaban ingresos, su viuda podía llegar a descubrir que tenía un futuro seguro y estable por delante, pero si este era un aficionado al juego o un derrochador, las cosas podían ponerse muy feas. Para aquellas que se encontraban en la miseria, un matrimonio de segundas (si es que conseguían encontrar un pretendiente) se convertía en el único camino que las salvara del desastre. Sin embargo, si una dama había conseguido independencia económica, tal vez volver a casarse fuese lo último que se le pasase por la cabeza.

Lady Featherington, obviamente, estaba muy lejos de este caso tras la muerte de su esposo. El estilo de vida derrochador y despiadado de Archibald empujó a su mujer y a su familia al abismo y, sin dotes para pescar esposos, se podría decir que las expectativas maritales de sus tres hijas casi se esfumaron por completo. Ya que los bienes de los Featherington se concedieron a un heredero varón, Jack, las mujeres pasaron a ser responsabilidad de este, el nuevo lord Featherington. Pese a que él se encontraba capacitado para pagar la dote de Philippa, estaba decidido a imponer su autoridad en sus nuevos inmuebles e incluso llegó a sacar a lady Featherington de su dormitorio para poder ocuparlo. Mientras él y la viuda se turnaban para enfrentarse y conspirar sobre los matrimonios de las hijas de ella y las fincas de la familia, la viuda finalmente se dio cuenta de dónde recaían sus verdaderas prioridades.

Las viudas de los nobles se encontraban en una clase particular y propia, ya que estas se quedaban con su título hasta que el heredero del título de su difunto marido contraía matrimonio. En ese momento, se añadía «viuda de un noble» a su distinción, para asegurar que no se creaba confusión alguna entre la portadora actual del título de mujer de noble y la esposa del noble fallecido. Tras la muerte de su marido y la sucesión de su hijo mayor, Anthony, Violet retuvo el título de vizcondesa de Bridgerton hasta que este contrajo matrimonio con Kate. En ese instante, ella se convirtió en la vizcondesa de Bridgerton y su suegra adoptó el título modificado de viuda del vizconde.

En algunos casos, se esperaba que la viuda del noble abandonara la casa familiar en favor de su sustituta y que se mudara a un inmueble propio que había heredado tras la muerte de su esposo, aunque no todas seguían esta particular tradición. Incluso pese a que tenían toda una casa esperándolas, algunas preferían quedarse allí hasta después de que la reciente esposa se mudase al mismo hogar, haciendo notar su presencia y sus deseos.

Aquellas viudas que sí deseaban volver a contraer matrimonio debían seguir unas reglas muy estrictas. Durante el periodo de la Regencia, la costumbre dictaba que la esposa no asistiría al funeral de su marido. Además, se esperaba de ella que estuviese de luto durante doce meses, periodo durante el cual no podía albergar ninguna idea de volver a casarse. Después de vestir de negro durante seis meses y con una transición al gris y demás tonos apagados durante los seis siguientes, se le permitía recuperar poco a poco su vida social. Solo entonces podía plantearse volver a tomar las nupcias, si es que era lo que deseaba.

SEXO

Algo que no ruboriza a *Los Bridgerton* es la vida sexual de sus héroes y heroínas y, en una época en la que los líos de faldas llegaron tan alto como el mismísimo heredero al trono, los dormitorios de la alta sociedad estaban verdaderamente concurridos. Aunque como muchas otras cosas, existía una atmósfera contradictoria en la relación entre la clase alta y el sexo. Por un lado, los escándalos y los cotilleos eran el pan de cada día de la élite y les encantaban, pero, por otro, todo el mundo tenía que hacer ver que observaban cualquier inmoralidad con toda la aversión que pudiesen reunir.

Cuando Daphne y el duque se acomodaron para disfrutar de su noche de bodas, la joven era totalmente inocente en lo que se refería a los asuntos sexuales. Hoy en día eso nos parece muy improbable, pero durante la Regencia, una joven como Daphne podría haber resultado una perfecta ingenua en todo lo relacionado con el asunto de las cigüeñas que vienen de París. Pese a que ella pudo pedir consejo a una criada de la familia, muchas señoritas que no contaban con una hermana mayor, una amiga casada o cualquier otra conocida dispuesta a iluminarlas, llegaban muy mal preparadas a su noche de bodas. Está claro que aquello no formaba parte de la educación femenina y no se podía contar con que todas las madres mantuviesen una conversación sincera con sus hijas. En el caso de la reina, esta sencillamente intentó que sus hijas siguiesen siendo unas niñas, por lo que rechazó todas y cada una de las propuestas de matrimonio, pero, incluso en unas circunstancias menos extremas, la educación sexual simplemente no existía para las chicas.

Los jóvenes de la clase alta habían llevado a cabo el *grand tour*, mientras que sus homólogas femeninas se estaban preparando para su aparición en sociedad. Ellos habían viajado por Europa y el Mediterráneo, en lo que en teoría se trataba de un viaje cultural, pero que, claro estaba, también les permitía probar otros placeres. Las trabajadoras sexuales y los burdeles como los que Anthony frecuentaba eran comunes en la época georgiana y de la Regencia y, por supuesto, estos muchachos sabían mucho más que sus equivalentes femeninas sobre cómo funcionaba el mundo. Cuando el regente contrajo matrimonio, le confió a un amigo que se quedó horrorizado cuando su mujer le comentó el impresionante tamaño de su miembro; si la mujer era pura y virginal, razonó, ¿con qué lo había comparado?

Tengo todos los motivos del mundo para creerlo [que yo no he sido el primero de la reina Carolina], no solo porque en la primera noche no apareció ni una gota de sangre, sino porque su actitud no se correspondía a la de una inexperta. De hecho, tomándose las libertades propias de la ocasión, dijo: «Ah mon dieu, qu'il est gros!», *y ¿cómo iba a saberlo sin nada previo con lo que compararlo?*[25]

Los nobles de la alta sociedad se casaban con el propósito de continuar con su dinastía y, en cuanto las mujeres se convertían en esposas, se ponían manos a la obra para engendrar un heredero y luego, otro sucesor, por lo que pudiese ocurrir. Para aquellos que deseaban llevar a cabo algún tipo de método anticonceptivo, quizá para limitar el índice de embarazos, el sistema más común por descontado era la marcha atrás. Los preservativos no eran impermeables y su eficacia era limitada. Pese a que prevenían las infecciones de transmisión sexual, no servían absolutamente para nada en cuanto a la contracepción. Aunque, al final, traer niños al mundo y proseguir con su dinastía era la razón fundamental de que un aristócrata se diese el sí quiero, por lo que no podría practicar la marcha atrás toda su vida.

Las distinciones típicas decían que los hombres eran seres sexuales que debían liberar su libido, mientras que cualquier tipo de pasión que se despertara en una mujer solo podía traerle problemas, desde enfermedades mentales a físicas o espirituales, que en aquel momento se atribuían a un exceso de emoción. Jorge III y la reina Carlota habían sido los baluartes de la moralidad, pero el actual titular de la corona, el poderoso y libertino príncipe regente, no podría haber dado un ejemplo menos similar. Este disfrutó recorriendo el sudeste del país y poniéndose las botas, sexualmente hablando; y en el caso de sus hermanos, ellos lo hicieron por todo el continente. Tuvieron amantes, vivieron con mujeres que no eran sus esposas sin esconderse e incluso llegaron a casarse en secreto, aunque estos matrimonios no tardaron en ver la luz. Si lo que se esperaba de ellos era que fuesen la brújula moral de la nación, fracasaron a la primera de cambio. No era de extrañar que los maridos de la clase alta creyesen que podían hacer lo que les viniese en gana.

Por supuesto, las aventuras no se restringían a los hombres. Jane Harley, condesa de Oxford y condesa de Mortimer, tuvo tantos hijos con tantos hombres diferentes que se les conocía como los «miscelánea Harley», pero casi ningún esposo aguantaba «aquello». Al final, la alta sociedad tampoco lo soportó, y la condesa de Mortimer se encontró con que las decisiones que había tomado la habían dejado apartada. Las mujeres eran el tema que tratar en trabajos como los tristes y restrictivos *Sermons to Young Women* de Fordyce, que predicaban que el único camino que debían seguir las señoritas era el de la pureza de mente y espíritu, y que la recompensa que la mujer debía recibir por cumplir con esto era la felicidad doméstica y espiritual. En la alta sociedad, donde la vida podía resultar sofocante para las jóvenes, no tenían otra opción que cumplir las reglas. Si se descubría que se había dado un encuentro como el que disfrutaron Kate y Anthony antes del catastrófico accidente de la chica, esto arruinaría por completo las oportunidades de matrimonio de la muchacha y sumiría a su familia en una tremenda vergüenza.

Los hombres, por otro lado, podían satisfacer sus deseos con total libertad, con la condición de que no avergonzaran a su esposa o a sus familias en el proceso. Los fans de *Los Bridgerton* recordarán la aventura amorosa que protagonizaron Anthony y la cantante de ópera Sienna Rosso, una mujer bella, inteligente y entusiasta que lo abandonó para ascender en la escala social. El joven recibió una regañina por parte de su madre, pero, a fin de cuentas, solo se trataba de un rito de iniciación en el camino que debe seguir un muchacho para convertirse en un adulto respetable. Si alguna de sus hermanas hubiese hecho algo parecido, su vida como dama se habría acabado y su familia siempre sería señalada como aquella a la que su hija sumió en la vergüenza.

Cuando lord Nelson comenzó a disfrutar con lady Emma Hamilton, mujer de su amigo *sir* William Hamilton, sin esconderse de nadie, el aclamado héroe naval y su amante se libraron de la desaprobación de la gente. Nelson era el héroe nacional con el corazón de roble,* por lo que resultaba irreprochable, y lady Emma era una fanática de la moda y una creadora de tendencias de la clase alta por excelencia. En lugar de eso, fue lady Frances, la esposa cornuda de Nelson, la que despertó las señales de desaprobación por negarse a tolerar el capricho de su marido. Tener buenos contactos, estar de moda y que hablasen de ti, aunque fuese mal, podía obrar maravillas durante un tiempo, pero cuando Nelson falleció y lady Emma se encontró en un momento muy complicado, la alta sociedad se solidarizó una vez más con la Frances de luto y aspecto solemne. Sin la protección de su afamado y venerado amante, lady Hamilton solo era «una mujer del montón».

* Esta expresión hace referencia a la canción patriótica del siglo XVIII y la marcha oficial de la Marina Real británica, «Heart of Oak». *(N. de la T.)*

Las Señoritas de Llangollen, Sarah Ponsonby (a la izquierda) y lady Eleanor Butler, fueron tremendamente famosas en su época, tanto que recibían visitas de lord Byron y William Wordsworth.

Con todo este foco en el matrimonio y el traer al mundo a los niños, es posible que el lector se pregunte dónde tenían cabida la homosexualidad y el lesbianismo en la sociedad de la Regencia. Por desgracia, la respuesta no le va a alegrar. Las posturas hacia los hombres gais eran abiertamente de intolerancia y la sodomía estaba penada con la muerte. El obispo de Clogher, un hombre con muchísimos privilegios, se vio obligado a renunciar a su identidad y darse a la fuga bajo un nombre falso después de que lo descubrieran dándose un apasionado abrazo con un miembro de la Guardia Real. El clérigo terminó sus días como mayordomo en Escocia, mientras que el militar aprovechó la libertad bajo fianza para huir y no volvió a saberse de él. Este era un caso muy poco común, a la par que extremo, ya que prácticamente no se conocía a ningún hombre o mujer homosexual que viviese libremente. A aquellos que se atreviesen a nadar a contracorriente, les esperaba la exclusión social.

Por otro lado, a las lesbianas apenas se las tenía en consideración. A las mujeres como las famosas Señoritas de Llangollen, que se fugaron juntas y vivieron como una pareja durante décadas, se las tenía por unas excéntricas amigas íntimas, nada más. Hubo muy pocas que, como Anne Lister, se atreviesen a presentarse con un atuendo masculino y a competir con los hombres en su propio juego, presidiendo como líderes empresariales por derecho propio. Cuando se extendieron los rumores de que Anne se había casado con otra mujer, los periódicos publicaron anuncios anónimos burlándose de la pareja, pero *gentleman* Jack, como se la conoció tras su muerte, vivió sin complejos. Por desgracia, pocas mujeres tuvieron la riqueza propia para permitirse hacer lo mismo y, en cambio, se vieron obligadas a ocultar sus deseos, exactamente igual que sus homólogos masculinos, por el miedo de ser rechazadas o algo peor.

Aquellas señoritas que se encuentran a la caza del amor harían bien en aprender de la historia con moraleja de Catherine Tylney-Long, la plebeya más rica de toda Inglate-

La historia de la que un día se consideró la plebeya más
acaudalada de Inglaterra, Catherine Tylney-Long, fue otra
tragedia. Seducida por un libertino despilfarrador que se vio
atraído por su dinero y que se gastó casi toda su gigantesca
fortuna, dejando a la mujer en la ruina, falleció separada
de su esposo a la corta edad de treinta y cinco años.

rra. La chica era joven, inteligente y guapa, y al heredar una
inmensa fortuna en dinero y propiedades se convirtió en el
blanco de todos los cazafortunas del país. Tras rechazar la
petición de mano de Guillermo, duque de Clarence y futuro rey Guillermo IV, contrajo matrimonio con el apuesto

libertino y gran vividor William Wellesley-Pole. En cuanto la pareja se dio el sí quiero y toda la fortuna de Catherine, además de una generosa asignación, cayeron en manos de su esposo, las cosas dieron un giro de ciento ochenta grados. De inmediato, él se cambió el nombre por William

William Pole-Tylney-Long-Wellesley prácticamente ni siquiera trató de esconder las razones por las que se casó, de manera que tomó los ilustres apellidos de su esposa y se pulió hasta el último céntimo de su fortuna. Tan malvado era, que se le negó la custodia de sus hijos tras la muerte de Catherine, una decisión extremadamente inusual para la época de la Regencia.

Pole Tylney-Long-Wellesley y se puso manos a la obra en la tarea de gastarse el dinero y acostarse con todas las mujeres que pudiera.

Pese a todo esto, Catherine permaneció al lado de su marido, hasta el punto de huir con él a Europa para escapar de sus deudas. El hombre se fundió la fortuna de su mujer en cuestión de unos años y, al final, tuvieron que vender la espléndida casa familiar, la mansión Wanstead House, para intentar contentar a los acreedores de William. Hizo falta que el marido de una de sus conquistas lo demandara para que la mujer le diese la espalda a su esposo y volviese a Inglaterra para intentar reconstruir su vida.

El abandono de Catherine despertó la ira de William. Este la siguió hasta Inglaterra e incluso intentó secuestrar a los hijos que tenían en común. Cuando la enfermedad, entre las que se encontraban las venéreas que le contagió su marido, la dejó fuera de combate, la mujer intentó pedir el divorcio. A sabiendas de que su salud se estaba deteriorando peligrosamente, puso a sus hijos bajo la protección de un tribunal, de manera que no podrían ser entregados para la custodia de su progenitor en el caso de su muerte. Se demostró que la mujer que un día lo tuvo todo tomó una decisión sabia cuando murió en 1825 a la edad de treinta y cinco años. Así, William sufrió la humillación de convertirse en el primer hombre de la historia al que se le negara la custodia de sus propios hijos porque se le consideraba moralmente incapacitado de cuidar de ellos.

Pese a que puede que hoy en día nuestros corazones estén con Catherine, la prensa no lo vio del todo de esta manera. De hecho, cambiaron el foco y le echaron la culpa a ella al sugerir que esta debería representar una historia con moraleja para todas las jóvenes a las que se les pudiese ocurrir buscar un marido apasionado. Aconsejaron a las mujeres que antepusiesen el buen juicio a sus propios deseos. Fue una lectura brutal de una situación desgarradora, pero esta nos cuenta mucho sobre la moral de aquel momento. Al fin y al cabo, no todas las historias podían ser como la de Daphne y el duque de Hastings.

Los Bridgerton brindan a la audiencia un universo de amor y pasión, cotilleos y aventuras amorosas, pero en el mundo real de la alta sociedad, la vida de una mujer dependía en gran parte de su reputación o incluso de la que se considerara que tenía. Aunque hubiese muchísimos relatos que alertaban de los peligros, también había cuentos que hablaban de éxitos, amores de novelas y aquellos que desafiaron al *statu quo* constantemente. Tanto en la realidad como en la ficción, algunas historias tienen su final feliz.

EPÍLOGO

«La mezcla de la moda y la imaginación es placentera para la vista, pero más incluso para el gusto».

«Parties, Balls, Routs, &c., &c.», *The World of Fashion and Continental Feuilletons*[1]

Así llegamos al final de nuestro manual básico para vivir en el mundo de *Los Bridgerton*. Si un hombre de la Regencia gozaba de la buena suerte de haber nacido rico, podría esperar una vida llena de aventuras, negocios y estatus. Tendría muchas profesiones a su alcance y, si era el hijo mayor de una familia de la élite, su destino ya estaba escrito. Es obvio que cabía la posibilidad de que esto no fuese lo que él quisiera, pero al igual que las señoritas debían seguir las normas establecidas de virginidad y matrimonio, sus homólogos masculinos también debían cumplir con sus propias normas sobre la herencia y el honor (dentro de lo razonable).

Para las jóvenes damas, el mundo se basaba en la conducta, el decoro y ser lo bastante inteligente como para convertirse en una buena esposa de la alta sociedad, pero sin serlo tanto como para que se le metiesen ideas sobre su posición social en la cabeza. Si cumple las reglas, es modesta y sabe cómo gestionar un presupuesto, puede que algún día se convierta en una lady patrona de Almack's. Apunta alto, dicen, y no subestimes la importancia bailar.

APÉNDICE

Publicado en 1811, *The Mirror of the Graces* era el manual de la dama de la Regencia al que se acudía para todo, desde el baile hasta la cosmética. Las recetas que aparecen a continuación se incluyeron en el libro para que las lectoras las preparasen en casa, fuesen cuales fuesen sus necesidades en cuanto a los cosméticos. Aquí aparecen reeditadas con la ortografía original intacta, aunque solo como referencia; estas no se han testado y su inclusión en la obra no forma parte de ninguna promoción.

RECETAS

Fard

Esta útil pasta es muy buena a la hora de eliminar las quemaduras solares, los efectos que el clima nos produce en el rostro y las erupciones cutáneas imprevistas. Debe aplicarse antes de ir a la cama. Primero, lávese la tez siguiendo su ritual habitual y, una vez se la haya secado, aplíquese el cosmético por toda la cara con un masaje y váyase a descansar sin retirárselo de la piel. Es excelente para un uso casi diario.

Tome dos onzas de aceite de almendras dulces y la misma cantidad de esperma de ballena; mézclelos en una cazuelita de barro a fuego suave. Cuando estos se hayan disuelto y mezclado, apártela del fuego y añádale una cucharada grande de miel pura. Continúe removiendo hasta que se enfríe y, en ese momento, la mezcla estará lista para su empleo.

Agua de lavanda

Tome medio cuartillo de aguardiente de vino, un chorrito de aceite esencial de lavanda y cinco gotas de aceite esencial de rosas. Mézclelo todo en una botella y ciérrela con un corcho para su uso posterior.

Ungüento de Maintenon

El propósito de este es eliminar las pecas. El método de aplicación consiste en lo siguiente: lávese el rostro por la noche con agua de flor de sauco y, luego, apalíquese el ungüento. Por la mañana, retírese el adherido aceitoso de la piel lavándosela con abundante agua de rosas.

Tome una onza de jabón de Venecia, disuélvala en media onza de zumo de limón y añádale un cuarto de onza de aceite de almendras amargas y otro de aceite de tártaro destilado. Deje reposar la mezcla al sol hasta que esta adquiera la consistencia de una untura. Cuando consiga ese estado, añádale tres gotas de aceite de rodio y guárdela para su uso.

Crème de l'Enclos

Este es un método de limpieza excelente que se puede usar tanto de noche como de día para eliminar el bronceado.

Tome medio cuartillo de leche con el zumo de un limón y una cucharada grande de brandy blanco, hierva la mezcla y retírele toda la espuma. Una vez se enfríe, estará lista para su utilización.

Pomada de Sevilla

Las damas españolas solicitan mucho este sencillo aplique porque borra los efectos del sol y deja una tez luminosa.

Tome a partes iguales zumo de limón y claras de huevo. Bátalos en un cacito de barro esmaltado y colóquelo a fuego bajo. Remueva el líquido con una cuchara de madera hasta que adquiera la consistencia de una pomada ligera. Perfúmelo con algún extracto agradable y, antes de aplicárselo, lávese minuciosamente la cara con agua de arroz.

Jabón para el cabello

Este es un limpiador y un abrillantador para la cabeza y el pelo, y debe aplicarse por las mañanas.

Bata las claras de seis huevos hasta que se consiga una espuma y con el resultado úntese la cabeza cerca de la raíz del cabello. Déjelo secar y, a continuación, aclárese la cabeza y el pelo concienzudamente con una mezcla de agua de rosas y de romero a partes iguales.

Aura y Céfalo

Esta curiosa receta es de origen griego, como su nombre indica de modo evidente, y se dice que ha resultado muy eficaz en la prevención o incluso en la eliminación de las pecas del rostro de las bellas atenienses.

Ponga un poco de polvo de la mejor mirra sobre una placa de acero y caliéntelo lo suficiente como para que la resina se derrita poco a poco y, cuando se licue, mantenga la cara sobre esta, a la distancia apropiada para recibir los vapores sin que resulte nocivo y, si quiere recoger todos los beneficios de la aplicación del humo, cúbrase la cabeza con un paño. Sin embargo, debe tener en cuenta que, si la mujer que lo lleve a cabo nota cualquier dolor de cabeza, debe desistir en el intento, ya que el remedio no será apropiado para su condición física, y es posible que acabe con una enfermedad en consecuencia.

Eau de Veau

Hierva una pata de ternera en dos azumbres de agua del río hasta que se reduzca a la mitad de cantidad. Añada media libra de arroz y cuézalo con corteza de pan blanco remojada en leche, una libra de mantequilla fresca y las claras de cinco huevos frescos; incorpore y mezcle con esto una pequeña cantidad de alcanfor y alumbre, y destile la mixtura. Esta receta puede recomendarse ampliamente, aunque es más beneficiosa para la piel, ya que la lubrica y la suaviza en un nivel muy agradable. La mejor forma de destilar estos ingredientes es al *balneum mariæ,* es decir, dentro de una botella metida en agua hirviendo.

Leche virginal

Una publicación de este tipo podría considerarse de imperfecto desempeño si pasásemos por alto mencionar brevemente este famoso cosmético. Consiste en una tintura de benjuí precipitada en agua. La tintura de benjuí se obtiene a partir de extraer cierta cantidad de esta resina, vertiendo espíritu de vino sobre la misma y cociéndola hasta que se convierte en una espesa tintura. Si derrama unas cuantas gotas de esta en un vaso de agua, producirá una mixtura que adoptará la apariencia exacta de la leche y que conserva un agradable perfume. Si se lava el rostro con esta mezcla, se producirá en las mejillas un bonito color rosado mediante el reclamo del flujo púrpura de la sangre a las fibras más externas de la epidermis y, si se deja secar en la piel, esta quedará pura y brillante. Y, si no se mantiene durante mucho tiempo en la piel, también elimina manchas, pecas, espinillas, erupciones provocadas por la erisipela, etc.

CRÉDITOS DE LAS IMÁGENES

Página 16: Biblioteca Pública de Nueva York / Look and Learn

Página 20: Wellcome Collection / Look and Learn

Página 30: *A Queen of Indiscretions,* Paolo Graziano Clerici, traducido por Frederic Chapman, 1907

Página 37: obra del artista Pierre de la Mésangère para la revista de modas *Journal des Dames et des Modes,* 1805 / Florilegio / Alamy

Página 46: obra del artista Nicolaus Wilhelm von Heideloff para la revista de moda *Gallery of Fashion,* Vol. III / Museo Metropolitano de Arte, Nueva York

Página 57: *The Reminiscences and Recollections of Captain Gronow 1810–1860*, John C. Nimmo, 1892 / Biblioteca Británica

Página 67: *Rijksmuseum,* Ámsterdam / Look and Learn

Página 71: *Repository of Arts, Literature, Fashions &c.* de Rudolph Ackermann, 1 de julio del 1823

Página 77: Revista femenina *La Belle Assemblée,* marzo de 1808

Página 84: Retrato de Beau Brummell, Robert Dighton, 1805, de dominio público

Página 92: *Social England under The Regency,* Vol. II, John Ashton, 1890

Página 108: *The Follies & Fashions of Grandfathers,* Andrew W. Tuer, 1807

Página 114: *Le Chic à Cheval,* Louis Vallet, 1891

Página 117: *Old and New London,* Vol. IV, Edward Walford, 1878 / Biblioteca digital British History Online

Página 120: *Comforts of Bath, Plate 8,* de Thomas Rowlandson, 1798 / Colección Elisha Whittelsey, Fundación Elisha Whittelsey, 1959, Museo Metropolitano de Arte, Nueva York

Página 125: *Clubes and Club Life in London,* John Timbs, 1872

Página 127: *The Beaux of The Regency,* Vol. I, Lewis Melville, 1908

Página 129: *The Pleasure Haunts of London,* E. Beresford Chancellor, 1925

Página 131: Arthur Wellesley, primer duque de Wellington, 1814, W. Say after T. Phillips / Wellcome Collection

Página 137: Vaux-hall, aguatinta, Robert Pollard y Francis Jukes, basado en un grabado de Thomas Rowlandson / Colección Elisha Whittelsey, Fundación Elisha Whittelsey, 1959, Museo Metropolitano de Arte, Nueva York

Página 140: Mansión Carlton House, fachada norte, *c.* 1819, aguatinta, Richard Gilson Reeve basada en la de William Westall / Centro de Arte Británico de Yale

Página 152: *The Trials of Five Queens*, R. Storry Deans, 1910

Página 156: 916 Collection / Alamy

Página 162: *La apertura de una vena*, grabado de Thomas Rowandson 1784–1786 / Colección Elisha Whittelsey, Fundación Elisha Whittelsey, 1959, Museo Metropolitano de Arte, Nueva York

Página 177: Princesa Carlota Augusta, punteado realizado por J. S. Agar basado en el de Charlotte Jones, 1814 / Wellcome Collection

Página 187: *Modes et Costumes Historiques* de Pauquet, 1864 / duncan1890 / Getty Images

Página 204: Las Señoritas de Llangollen, litografía, J. H. Lynch basado en el de Mary Parker (más tarde lady Leighton), 1828 / Wellcome Collection

Página 206: The Picture Art Collection / Alamy

Página 207: History and Art Collection / Alamy

BIBLIOGRAFÍA

Aldrich, Robert y Garry Wotherspoon, *Who's Who in Gay & Lesbian History* (Abingdon-on-Thames: Taylor & Francis, 2020).

Anónimo, *The Ball, o A Glance at Almack's* (Londres: Henry Colburn, 1829).

Anónimo, *The Edinburgh Practice of Physic, Surgery, and Midwifery*, Vol. 5: Midwifery (Londres: G. Kearsley, 1803).

Anónimo, *George III: His Court and Family*, Vol. 1 (Londres: Henry Colburn and Co., 1820).

Anónimo, *The Great Metropolis*, Vol. 1 (Filadelfia: E. L. Carey y A. Hart, 1838).

Anónimo, *An Historical Account of the Life and Reign of King George the Fourth* (Londres: G. Smeeton, 1830).

Anónimo, *The Mirror of the Graces* (Nueva York: I. Riley, 1813).

Anónimo, *The Quarterly Review, Vol. 270* (Londres: John Murray, 1938).

Baker, Kenneth, *George III: A Life in Caricature* (Londres: Thames & Hudson, 2007).

——, *George IV: A Life in Caricature* (Londres: Thames & Hudson, 2005).

Barker, Hannah y Elaine Chalus (eds), *Gender in Eighteenth-Century England* (Londres: Routledge, 1997).

Barreto, Cristina y Martin Lancaster, *Napoleon and the Empire of Fashion* (Milán: Skira, 2011).

Black, Jeremy, *George III: America's Last King* (New Haven: Yale University Press, 2008).

le Bourhis, Katell (ed.), *The Age of Napoleon* (Nueva York: Harry N. Abrams Inc., 1990).

Buchan, William, *Domestic Medicine, or A Treatise on the Prevention and Cure of Diseases by Regimen and Simple Medicines* (Londres: A. Strahan, 1790). *[Medicina doméstica o tratado completo sobre los medios de conservar la salud, precaver y curar las enfermedades mediante el régimen y remedios simples* (Madrid: Imprenta Real, 1792)].

Campbell Orr, Clarissa (ed.), *Queenship in Europe 1660–1815: The Role of the Consort* (Cambridge: Cambridge University Press, 2004).

Clarke, John, *Practical Essays on the Management of Pregnancy and Labour* (Londres: J. Johnson, 1806).

Cole, Hubert, *Beau Brummell* (Londres: HarperCollins, 1977).

Colquhoun, Patrick, *A Treatise on the Wealth, Power, and Resources of the British Empire, in Every Country of the World* (Londres: Joseph Mawman, 1815).

Corfield, Penelope J., *The Georgians: The Deeds and Misdeeds of 18th-Century Britain* (New Haven: Yale University Press, 2022).

Craig, William Marshall, *Memoir of Her Majesty Sophia Charlotte of Mecklenburg-Strelitz, Queen of Great Britain* (Liverpool: Henry Fisher, 1818).

Cruickshank, Dan, *The Secret History of Georgian London* (Londres: Windmill Books, 2010).

Curzon, Catherine, *The Daughters of George III: Sisters & Princesses* (Barnsley: Pen & Sword, 2020).

——, *The Elder Sons of George III: Kings, Princes & A Grand Old Duke* (Barnsley: Pen & Sword, 2020).

——, *Kings of Georgian Britain* (Barnsley: Pen & Sword, 2017).

——, *Queens of Georgian Britain* (Barnsley: Pen & Sword, 2017).

——, *The Real Queen Charlotte* (Barnsley: Pen & Sword, 2022).

David, Saul, *Prince of Pleasure* (Nueva York: Grove Press, 2000).

Dowden, Edward, *The Life of Percy Bysshe Shelley* (Londres: Kegan Paul, Trench & Co., 1887).

Dyer, Serena, *Material Lives: Women Makers and Consumer Culture in the 18th Century* (Londres: Bloomsbury, 2021).

Fitzgerald, Percy, *The Good Queen Charlotte* (Londres: Downey & Co., 1899).

——, *The Life of George the Fourth* (Londres: Tinsley Brothers, 1881).

Fraser, Flora, *The Unruly Queen: The Life of Queen Caroline* (Edinburgh: A&C Black, 2012).

Graham, Thomas John, *Medicina moderna casera o tratado popular* (Londres: autopublicado, 1827).

Greig, Hannah, *The Beau Monde* (Oxford: Oxford University Press, 2013).

Gronow, Rees Howell, *The Reminiscences and Recollections of Captain Gronow, Vol. 1* (Londres: John C. Nimmo, 1892).

Hadlow, Janice, *The Strangest Family: The Private Lives of George III, Queen Charlotte and the Hanoverians* (Londres: William Collins, 2014).

Hazlitt, William, *The Spirit of Controversy and Other Essays* (Oxford: Oxford University Press, 2021). [*El espíritu de las obligaciones y otros ensayos* (Barcelona: Alba editorial, 1999)]

Heard, Kate, *High Spirits: The Comic Art of Thomas Rowlandson* (Londres: Royal Collection Trust, 2013).

Hedley, Olwen, *Queen Charlotte* (Londres: John Murray, 1975).

Hibbert, Christopher, *George III: A Personal History* (Londres: Viking, 1998).

——, *George IV* (Londres: Penguin, 1998).

Hickman, Katie, *Courtesans: Money, Sex and Family in the Nineteenth Century* (Londres: HarperCollins, 2003).

Hicks, Carola, *Improper Pursuits* (Nueva York: St Martin's Press, 2002).

Hilton, Boyd, *A Mad, Bad & Dangerous People?* (Oxford: Clarendon Press, 2006).

Inglis, Lucy, *Georgian London: Into the Streets* (Londres: Penguin, 2013).

Irvine, Valerie, *The King's Wife: George IV and Mrs Fitzherbert* (Londres: Hambledon, 2007).

Lacey, Brian, *Terrible Queer Creatures* (Dublín: Wordwell Ltd, 2019).

Law, Susan C., *Through the Keyhole* (Stroud: The History Press, 2015).

Lawrence, James, *The Empire of the Nairs, or The Rights of Women, Vol. 2* (Londres: T. Hookham Jr y E. T. Hookham, 1811).

de Plauzoles, Sicard, *Consumption: Its Nature, Causes, Prevention and Cure* (Londres: The Walter Scott Publishing Co. Ltd, 1903).

Roberts, Geraldine, *The Angel and the Cad* (Londres: Macmillan, 2015).

Robins, Jane, *The Trial of Queen Caroline: The Scandalous Affair that Nearly Ended a Monarchy* (Nueva York: Free Press, 2006).

Smith, E. A., *George IV* (New Haven: Yale University Press, 1999).

Stott, Anne, *The Lost Queen* (Barnsley: Pen & Sword History, 2020).

Timbs, John, *Club Life of Londres*, Vol. 1 (Londres: Richard Bentley, 1866).

Toynbee, Paget (ed.), *The Letters of Horace Walpole, Vol. 9* (Oxford: Clarendon Press, 1904).

Trusler, John, *A System of Etiquette* (Bath: W. Meyler, 1804).

Vickery, Amanda, *The Gentleman's Daughter* (New Haven: Yale University Press, 2003).

——, *Behind Closed Doors* (New Haven: Yale University Press, 2010).

Walker, Richard (ed.), *Regency Portraits* (Londres: National Portrait Gallery, 1985).

Wilson, Harriette, *The Memoirs of Harriette Wilson, Written by Herself, Vol. 1* (Londres: Eveleigh Nash, 1909).

———, *The Memoirs of Harriette Wilson, Written by Herself,* *Vol. 2* (Londres: Eveleigh Nash, 1909).

PERIÓDICOS

Todos los recortes de periódicos han sido reproducidos © Consejo de la Biblioteca Británica; además de los que ya han sido citados, se ha consultado una cantidad innumerable de periódicos.

PÁGINAS WEB CONSULTADAS

British History Online (http://www.british-history.ac.uk)

British Library Newspapers (https://www.gale.com/intl/primary-sources/british-library-newspapers)

Georgian Papers Online (https://gpp.royalcollection.org.uk)

Hansard (http://hansard.millbanksystems.com/index.html)

Historical Texts (http://historicaltexts.jisc.ac.uk)

House of Commons Parliamentary Papers (http://parlipapers.chadwyck. co.uk/marketing/index.jsp)

JSTOR (www.jstor.org)

Los Archivos Nacionales del Reino Unido (http://www.nationalarchives.gov.uk)

Oxford Dictionary of National Biography (http://www. oxforddnb.com)

State Papers Online (https://www.gale.com/intl/primary-sources/state-papers-online-eighteenth-century)

The Times Archive (http://www.thetimes.co.uk/archive)

NOTAS

1. Colquhoun, Patrick, libro *A Treatise on the Wealth, Power, and Resources of the British Empire, in Every Country of the World* (Londres: Joseph Mawman, 1815), pág. 120

2. *Fashionable World*, diario *Morning Post* (1818), n.º 14958.

3. *Attack on the Prince Regent*, periódico *Leeds Mercury* (1817), n.º 2693.

4. Anónimo, revista política y literaria *The Quarterly Review*, Vol. 270 (Londres: John Murray, 1938), pág. 128.

5. Trusler, John, libro *A System of Etiquette* (Bath: W. Meyler, 1804), pág. 4.

6. *Ibid.*, pág. 55.

7. Anónimo, libro *The Mirror of the Graces* (Nueva York: I. Riley, 1813), pág. 7.

8. *Ibid.*, pág. 164.

LA MODA

1. A Poetic Epistle, revista mensual *The Lady's Monthly Museum* (1802), vol. 8.

2. Anónimo, libro *The Dandy's Perambulations* (Londres: John Marshall, 1819).
3. *Newspaper Chat*, periódico *The Examiner* (1823), n.º 816.
4. *The Mirror of the Graces*, op. cit., pág. 31.
5. *Ibid.*, pág. 44.
6. *Ibid.*, pág. 43.
7. *Ibid.*, pág. 44.

VIAJAR

1. Hazlitt, William, *The Spirit of Controversy and Other Essays* (Oxford: Oxford University Press, 2021), pág. 328.
2. *The Parke*, periódico *Morning Post* (1810), n.º 12277.

LOS EVENTOS SOCIALES

1. *Parties, Balls, Routs, &c., &c.*, libro *The World of Fashion and Continental Feuilletons* (1827), vol. 4, n.º 39.
2. *The Political Examiner*, periódico *The Examiner* (1828), n.º 1042.
3. Timbs, John, *Club Life of Londres, Vol. 1* (Londres: Richard Bentley, 1866), pág. 287.
4. Anónimo, *The Great Metropolis, Vol. 1* (Filadelfia: E. L. Carey & A. Hart, 1838), pág. 3.
5. *Vauxhall for One Shilling* (1833).
6. *Fashionable World*, periódico *Morning Post* (1811), n.º 12602.
7. *Prince Regent's Fête*, periódico *Bury and Norwich Post* (1811), n.º 1512.
8. *Carlton House*, periódico *The Times* (1811), n.º 8325.
9. Dowden, Edward, libro *The Life of Percy Bysshe Shelley* (Londres: Kegan Paul, Trench & Co., 1887), pág. 137.

LOS MEDIOS DE COMUNICACIÓN

1. Lawrence, James, libro *The Empire of the Nairs, or The Rights of Women, Vol. 2* (Londres: T. Hookham Jr y E. T. Hookham, 1811), pág. 160.
2. *The Examiner* (1812), pág. 179.
3. *Mrs Clarke*, periódico *Morning Post* (1809), n.º 11863.

LA SALUD Y LA HIGIENE

1. Buchan, William, libro *Domestic Medicine, or A Treatise on the Prevention and Cure of Diseases by Regimen and Simple Medicine* (Londres: A. Strahan, 1790), pág. xviii.
2. *Ibid.*, pág. 449.
3. de Plauzoles, Sicard, *Consumption: Its Nature, Causes, Prevention and Cure* (Londres: Walter Scott Publishing Co. Ltd, 1903), pág. 158.
4. Turner, W. S., periódico *The Weekly Visitor, or Ladies' Miscellany* (1804), vol. 2, n.º 73.
5. Graham, Thomas John, *Modern Domestic Medicine: A Popular Treatise* (Londres: autopublicado, 1827), pág. 460–61.
6. Anónimo, *The Edinburgh Practice of Physic, Surgery and Midwifery, Vol. 5: Midwifery* (Londres: G. Kearsley, 1803), pág. 127.
7. Clarke, John, *Practical Essays on the Management of Pregnancy and Labour* (Londres: J. Johnson, 1806), pp. 1–2.
8. *Demise of Her Royal Highness the Princess Charlotte*, periódico *Morning Chronicle* (1817), n.º 15138.

EL AMOR Y EL MATRIMONIO

1. Libro *The Mirror of the Graces*, op. cit., pág. 214–15.
2. Toynbee, Paget (ed.), libro *The Letters of Horace Walpole, Vol. 9* (Oxford: Clarendon Press, 1904), pág. 147.
3. Anónimo, libro *The Ball, or A Glance at Almack's* (Londres: Henry Colburn, 1829), pág. 77–8.
4. Libro *The Mirror of the Graces*, op. cit., pág. 205.
5. Robins, Jan, libro *The Trial of Queen Caroline: The Scandalous Affair that Nearly Ended a Monarchy* (Nueva York: Free Press, 2006), pág. 17.

EPÍLOGO

1. *Parties, Balls, Routs, &c., &c.*, op. cit.

ÍNDICE ONOMÁSTICO

Principal de los Libros le agradece la atención dedicada a *El mundo real de los Bridgerton,* de Catherine Curzon.
Esperamos que haya disfrutado de la lectura y le invitamos a visitarnos en www.principaldeloslibros.com, donde encontrará más información sobre nuestras publicaciones.

Si lo desea, también puede seguirnos a través de Facebook, Twitter o Instagram utilizando su teléfono móvil para leer los siguientes códigos QR: